2024

能源电力央企品牌建设与价值分析报告

国网能源研究院有限公司　编著

中国电力出版社
CHINA ELECTRIC POWER PRESS

图书在版编目（CIP）数据

能源电力央企品牌建设与价值分析报告. 2024 / 国
网能源研究院有限公司编著. -- 北京：中国电力出版社，
2025. 6. -- ISBN 978-7-5239-0069-7

Ⅰ. F426.2；F426.61

中国国家版本馆 CIP 数据核字第 2025YK9689 号

出版发行：中国电力出版社
地　　址：北京市东城区北京站西街 19 号（邮政编码 100005）
网　　址：http://www.cepp.sgcc.com.cn
责任编辑：孙建英（010-63412369）
责任校对：黄　蓓　马　宁
装帧设计：张俊霞
责任印制：吴　迪

印　　刷：北京瑞禾彩色印刷有限公司
版　　次：2025 年 6 月第一版
印　　次：2025 年 6 月北京第一次印刷
开　　本：787 毫米 × 1092 毫米　16 开本
印　　张：9.5
字　　数：133 千字
印　　数：0001—1500 册
定　　价：208.00 元

声　明

　　一、本报告著作权归国网能源研究院有限公司单独所有。如基于商业目的需要使用本报告中的信息（包括报告全部或部分内容），应经书面许可。

　　二、本报告中部分文字和数据采集于公开信息，相关权利为原著者所有，如对相关文献和信息的解读有不足、不妥或理解错误之处，敬请原著者随时指正。

前　言

　　党的十八大以来，党中央高度重视品牌建设工作。2014 年，习近平总书记在河南考察中铁工程装备集团有限公司时提出"推动中国制造向中国创造转变、中国速度向中国质量转变、中国产品向中国品牌转变"。2022 年 2 月 28日，中央全面深化改革委员会第二十四次会议审议通过《关于加快建设世界一流企业的指导意见》，习近平总书记强调"加快建设一批产品卓越、品牌卓著、创新领先、治理现代的世界一流企业，在全面建设社会主义现代化国家、实现第二个百年奋斗目标进程中实现更大发展、发挥更大作用"。国务院国资委《关于开展中央企业品牌引领行动的通知》（国资发社责〔2022〕74 号）提出加快推动中央企业建设世界一流企业。在此背景下，加快开展对能源电力央企品牌建设与品牌价值的研究势在必行，也亟需有所成效，因此本报告立足于品牌建设与品牌价值提升，结合相关理论以及能源电力央企的品牌建设实践展开分析，致力于为能源电力行业的品牌价值整体提升提供参考。

　　《能源电力央企品牌建设与价值分析报告》是国网能源研究院有限公司2024 年度系列分析报告之一，也是国网能源研究院有限公司首次发布关于能源电力央企品牌建设与价值分析相关的报告。本报告首次立足品牌视角对能源电力央企进行总体剖析，以能源电力央企品牌建设的年度典型实践及其成效为基础，依据能效分析的基本框架，结合能源电力央企品牌建设与品牌价值提升两个基本维度，按照形势分析、理论研究、量化分析、案例分析的思路展开，深度分析能源电力央企品牌建设面临的国内外形势、品牌建设与价值理论的前沿发展，依托年度建设成效的量化分析以及国际知名品牌榜单的相关数据结果，联系典型实践案例，为能源电力央企品牌建设提出相关策略建议。

　　本报告共分为 5 章。其中，第 1 章主要描述能源电力央企面临的国内外形势，结合相关形势分析梳理能源电力央企当前阶段功能定位及品牌建设需求；第2章主要研究梳理品牌建设的经典理论以及国际知名的品牌价值评价方法，为后续开展能源电力央企品牌价值评价和分析提供理论与方法依据；第3章主要立足品牌战略、品牌管理、品牌国际化、组织保障四个维度开展能源电力央企品牌建设现状分析，并结合国际知名榜单的评估结果以及典型实践案例开展具体分析；第4章主要结合相关分析结果明确能源电力央企品牌建设与价值提升的路径与重点任务；第5章对能源电力央企品牌建设与品牌价值提升进行总结与展望，预测下一阶段能源电力央企品牌建设面临的可能性形势。

限于作者水平，虽然对书稿进行了反复研究推敲，但难免仍会存在疏漏与不足之处，期待读者批评指正！

编著者

2024 年 12 月

目　录

概　　论

当前，全球能源行业加速转型，国际能源市场环境复杂多变，能源消费方式深刻变化，我国能源电力央企品牌建设与品牌价值提升面临着前所未有的挑战。随着"一带一路"倡议深入推进实施，我国能源电力央企充分发挥品牌引领作用，实现企业品牌知名度、影响力在国际范围内的稳步提升。与此同时，全球气候变化问题所带来的国际能源供需结构调整也为我国能源电力央企加快绿色低碳转型、建设世界一流企业提供了重大机遇。本报告的主要结论和观点如下：

国际形势方面，全球能源转型加速，国际能源贸易环境复杂多变，同时"西强东弱"的国际舆论格局依旧存在，且国际能源技术环境也正在加快数字化转型。我国能源电力央企既需要把握全球能源行业正处于转型期的有利机遇，结合清洁能源转型趋势，迅速调整品牌定位，适应国际市场变化，加快提升品牌价值，确保能源电力央企品牌全球竞争力，也需要持续夯实品牌基础，深化品牌管理，提高品牌韧性，以更好应对外部地缘政治因素、贸易保护主义的抬头以及各国能源政策变化等不确定性因素挑战。同时，要加快推进实施品牌国际化，稳步提升国际话语主动权，更好塑造品牌国际形象，以及全面深化数字技术对品牌建设的赋能赋效，推动能源电力央企品牌数字化建设、智能化发展。

国内形势方面，党和国家出台了一系列政策，为我国能源电力央企加强品牌建设、构建卓著品牌符合我国建设世界一流企业提供了基本遵循，明确了建设方向，也塑造了良好的政策环境。贯彻落实碳达峰碳中和战略决策为能源电力央企品牌建设明确了发展重心，指明了品牌建设绿色化发展新方向；央企品牌引领行动为能源电力央企品牌建设提供了政策方向指引，大幅提升了央企品牌建设成效；在习近平总书记提出的全球发展倡议、全球安全倡议和全球文明倡议"三大倡议"具体指导下，能源电力央企加速开展面向国际的品牌化建设，塑造良好企业国际形象。围绕落实党的二十届三中全会相关精神，能源电力央企积极开展企业国际传播工作，构建国际传播体系，加强对国际舆论引导，主动引导形成有利的外部舆论环境，提升企业品牌知名度与全球影响力。

立足理论视角，品牌建设理论的发展趋势逐步拓展到品牌生态化，当前品牌理论研究从以企业为中心到以消费者为中心再到以生态为中心，品牌研究重点逐渐从企业自身资产转向企业生态共赢。能源电力央企品牌建设实践需要紧密结合理论发展，把握品牌生态化理论的主要内涵，兼顾企业品牌的市场价值和社会价值，不仅要关注用户和企业自身的价值诉求，同时还要关照围绕企业形成的内外、上下游利益相关方的诉求，实现企业品牌市场价值与社会价值的双向提升。

在能源央企品牌价值评价方面，主要有四种较为成熟的国际知名品牌价值评价体系，依据其品牌价值评价方法的侧重点不同，分为注重无形资产的品牌价值评估方法、注重利益相关方的价值评估方法、基于商业价值的量化评估方法以及注重品牌贡献度的价值评估方法，四种评估方法分别由 World Brand Lab、Brand Finance、Interbrand 和 BrandZ 四家国际品牌价值评估机构提出，在全球品牌价值评估领域具有很高的权威性与影响力。因此，需要重视适合中国能源电力央企的品牌价值评价体系构建，立足中国特色与能源电力央企品牌发展实际，借助量化手段帮助能源电力央企明确发展方向。

根据国务院国资委发布的 2023 年度中央企业品牌建设对标结果，本报告对其中涉及的国家电网有限公司、中国南方电网有限责任公司、中国华能集团有限公司等 15 家能源电力央企的品牌建设情况进行具体的统计分析。结合分析结果来看，2023 年度，能源电力央企品牌战略规划能力持续强化，但在执行方面还有一定进步空间，尤其是对战略实施情况的监测和评估不足。在品牌管理方面，能源电力央企品牌管理专业化水平显著提升，品牌识别体系建设和商标、知识产权保护方面也取得了积极成效，品牌传播力持续加强。但在品牌资产梳理和评估方面还有待加强。在品牌国际化方面，能源电力央企加快走出去步伐，重视品牌国际化运营与国际传播实践，在海外布局和海外交流推广方面进步明显。在组织保障层面，能源电力央企组织保障对品牌建设的支撑力度进一步加强，重视品牌专业培训，重视提升企业全员的品牌意识，完善对品牌专业人才的引进和激励机制。整体而言，能源电力央企在品牌战略、品牌管理、品牌国际化以及组织保障方面均实现了一定突破，在年度品牌建设上取得了显著成效。

透过对近五年的国际知名品牌榜单分析，能源电力央企上榜企业数量稳中有进，整体品牌价值也呈现上涨趋势，企业品牌建设意识不断提升，每年有2~3家能源电力央企进入国际知名品牌榜单，上榜数量实现了稳步提升。但是对比《财富》世界500强的企业上榜情况，能源电力央企品牌"大而不强"的情况依然存在，品牌知名度、美誉度需要予以着力提升。此外，由于能源的特殊性以及电力的弱感知性，能源电力央企品牌建设在国际层面容易面临舆论环境压缩，随着外部不确定性因素进一步增加，能源电力央企需要在品牌国际化过程中做出主动应对。

综上分析，结合党的二十届三中全会为国有企业发展提供的明确方向，本报告认为针对能源电力央企品牌建设基本现状与焦点问题，能源电力央企在品牌建设过程中主要有四个方面的重点任务，一是加强企业品牌战略管理，立足企业发展实际制定企业品牌战略，突出能源电力央企的企业特色，明确品牌定位以及品牌内涵，并全面推进企业品牌战略融入业务，形成闭环管理模式，深化企业品牌全过程管理，充分发挥战略的引领作用，提高企业品牌建设成效。二是健全完善企业品牌管理体系，建立科学有效的企业品牌架构，明确各品牌之间的价值关系，推动不同品牌之间协同发展，积极开展品牌推广与品牌传播，扩大企业品牌传播边界，提高企业品牌知名度，注重以用户为中心提升品牌体验，强化品牌资产创建与保护，进而提高企业品牌管理水平。三是立足生态化理念，构建企业品牌生态体系，提高品牌的外部链接力，积极吸纳外部品牌资源，不断扩大企业品牌生态圈，通过生态化建设进一步巩固企业品牌建设力量。四是提升企业品牌国际传播效能，加快开展企业品牌国际化，依托能源电力央企在海外项目、公益、文化三个层面积极打造一系列品牌活动，强化品牌海外布局与子品牌孵化创建，加强品牌国际舆情监测与危机应对，聚焦国际传播效果提升，牢牢把握能源电力央企国际话语权。

展望未来趋势，本报告认为在下一阶段，能源电力央企可能面临以下六个方面的发展趋势：**一是能源电力央企品牌建设需要进一步深化"国之大者"理念，强化品牌战略定位。**能源电力央企应通过强化责任意识、推动技术创新和履行社会责任，来提升自身的品牌价值。通过不断夯实能源电力央企品牌建设基础，提升企业品牌韧性，确保企业在激烈的国际市场竞争中更好立足，进而为我国能源安全与可持续发展提供坚实支撑，实现企业经济效益与社会效益双赢。**二是能源电力央企在"双碳"目标驱动下将加快品牌形象重塑，突出品牌理念传递。**需要从战略层面进行绿色转型，并在品牌传播中予以重塑。全面强化能源电力央企社会责任履行，积极策划、参与相关绿色公益活动，彰显企业品牌社会责任感，塑造品牌绿色化形象，提升企业品牌美誉度，加强国际合作，积极参与国际绿色能源标准的制定和推广，提升企业在全球绿色能源市场中的影响力和话语权。**三是"一带一路"倡议深入实施助推能源电力央企多边品牌合作深化。**能源电力央企应采取多元化和多层次的应对策略，深化国际合作，塑造全球化品牌形象，注重文化融合和本地化，提升品牌在国际市场的认同感和影响力，通过合资、合作等方式，与国际企业共享资源和技术，实现互利共赢。**四是人工智能时代，能源电力央企将面临品牌传播系统性变革。**积极采取多层次、多渠道的品牌传播策略，深化全媒体大数据和人工智能技术在品牌传播场景应用，开展品牌传播效果监测分析，增强对外传播内容优质供给，突出品牌传播内容多样化、创新性，把握平台传播规律与用户行为习惯，提高精准传播能力和水平，增强受众品牌认同感。**五是数字化转型将推动能源电力品牌**

思维革新与品牌升级。加大数字化技术研发与应用力度，立足能源行业特点，打造智慧能源、智能电网等品牌型项目，提高品牌内在的技术硬实力。构建智能化的客户服务体系，通过数字化手段提升用户体验。通过打造数字化品牌体验，提升品牌的影响力和用户参与感。通过建立数字化平台或管理系统，进一步提高品牌管理效率效能。**六是电力体制改革的深入推进将推动能源电力品牌的服务属性进一步强化**。以用户为导开展品牌建设，伴随能源电力央企服务属性日益突出，企业需要以用户为中心，全面提升用户品牌体验与品牌感知，建立健全的客户服务体系，提升服务质量和效率，此外还需要注重服务创新，满足用户未来的需求。

（撰写人：刁子鹤　审核人：刘睿）

1

能源电力央企品牌建设的基本形势与需求

1.1 能源电力央企品牌建设面临的基本形势

1.1.1 国际发展形势

当前，在全球能源行业快速转型的背景下，受国际能源地缘政治影响，国际能源市场环境形势复杂多变，我国能源电力央企在品牌建设过程中面临着前所未有的挑战。随着我国"一带一路"倡议的深入推进实施，能源电力央企在国际市场上的竞争力不断增强，企业品牌知名度与影响力也在稳步提升。与此同时，全球气候变化问题所带来的国际能源供需结构调整也为我国能源电力央企加快绿色低碳转型、建设世界一流企业提供了重大机遇。

（一）全球能源转型加速，能源电力央企需要加快调整品牌定位

全球能源行业正处于前所未有的转型期，各国政府、企业和消费者都在重新定义能源需求结构，向清洁能源转型已成为大势所趋，能源电力央企需要迅速调整品牌定位以跟进国际市场的变化，进而确保品牌的全球竞争力。2023年，欧盟委员会发布《绿色协议工业计划》（Green Deal Industrial Plan），旨在通过政策和资金支持，推动可再生能源的发展和工业部门的脱碳进程[1]。这种政策导向不仅影响欧洲市场的能源需求结构，也对全球能源供应链和企业的品牌定位产生深远影响。传统能源企业正面临巨大的转型压力，我国能源电力央企需要加快形势研判，迅速调整品牌策略以适应新兴市场的需求。

品牌定位作为品牌战略的重要组成，愈来愈受到国内外能源企业重视，大部分能源电力企业正通过增加可再生能源投资、新能源技术研发与创新等方式将绿色可持续发展理念融入企业品牌定位，重塑品牌形象。例如，英国石油公司（BP）已经宣布到2030年将其可再生能源发电能力提高到50GW，以支持其"零净排放"的目标[2]。这一举措不仅帮助BP在全球能源市场中重新定位，还增强其品牌在可持续发展领域的竞争力。全球能源需求结构的调整与变化导致

我国能源电力行业发展要获得国际上的品牌认同，就必须调整行业与企业的品牌定位，从而获得稳定的国际舆论环境与市场环境。这需要我国能源电力行业重新审视企业自身的品牌战略，将绿色低碳发展融入企业的品牌定位之中，通过以战略为指引，加速开展低碳转型实践，积极宣传品牌实践，在能源转型新技术上实现创新突破，还需要行业整体在对外合作的品牌建设实践中持续突出并贯彻绿色和可持续发展的理念，才能在全球能源转型中占据有利地位。

（二）国际能源贸易环境复杂多变，能源电力央企需要强化品牌韧性

近年来，受到地缘政治因素、贸易保护主义的抬头以及各国能源政策变化等因素影响，我国能源电力央企在参与国际能源贸易与合作过程中面临着巨大挑战。当前在全球范围内，应对气候变化已成为各国政府的重要议题之一，在《联合国气候变化框架公约》第 26 次缔约方大会（COP26）上，46 个国家以及32 家企业和其他机构签署《全球煤炭向清洁能源转型的声明》，承诺将逐步淘汰现有燃煤电厂，29 个国家签署《清洁能源转型国际公共支持声明》，承诺除特定情况外 2022 年底前终止对国际无减排措施化石能源项目的公共支持，我国也宣布不再新建境外煤电项目[3]。国际形势与政策环境的交叉变化导致国际能源市场的波动性大大增加，我国能源电力央企需要全面夯实品牌建设基础，提升应对国际能源形势不确定性的能力。

国际能源贸易环境的复杂多变对我国能源电力央企的品牌韧性提出了新的要求，既要提升"外功"，深化品牌国际视野，也要练好"内功"，强化企业品牌管理。2021 年下半年的能源短缺以及 2022 年俄乌冲突导致的能源供应链中断，使得各国都在加快寻求可替代的能源供应来源，这不仅影响全球能源供应的稳定性，也对我国能源电力央企的品牌韧性带来了新的考验。在深度参与国际能源贸易合作过程中，我国能源电力央企既需要拓宽品牌国际视野，提高对各国能源电力政策环境的感知，及时调整海外市场布局以及品牌建设策略，也需要强化品牌建设保障，深化能源电力品牌专业运营与管理、海外子品牌创建孵化、品牌危机管理与形象保护等，全面提高我国能源电力央企的内在品牌韧性。

（三）国际舆论环境"西强东弱"，能源电力央企需要深入推进品牌国际化

当前，"西强东弱"的国际舆论格局还没有根本改变，在企业品牌形象、品牌价值评价方面，西方仍占据着话语主动权，我国能源电力央企品牌建设面临着严峻的国际舆论环境。尽管近年来我国国际话语权有了较大程度的提升，但西方国家以其在文化、经济、政治、军事、传播渠道等方面的优势在国际传播格局中长期居于主导地位，西方媒体凭借资本、技术、传播渠道等优势在国际舆论场中掌握传播主动性。我国能源电力央企由于企业的特殊属性常常受到西方媒体的舆论压制，以致企业的品牌国际形象受到损害而影响到国际化进程。

品牌价值作为对企业软实力的客观反映，其评价标准为企业开展品牌建设工作提供了引导，也愈来愈受到国际市场的关注和重视。以 Interbrand、BrandZ、Brand Finance 和 World Brand Lab 为代表的国际知名四大品牌价值评估机构每年都会发布企业品牌价值榜单，在全球范围内都具有一定影响力并已经成为衡量企业品牌实力的重要参考标准，但是其榜单的评价体系并不符合我国央企特色，导致我国大部分央企的整体实力被弱化传播和体现。面对日益严峻的品牌建设国际舆论环境以及以西方价值观念为主导的品牌价值评价体系，我国能源电力央企也亟需加强品牌国际化，通过国际传播渠道建设、子品牌主体活动、海外社会责任履行等途径持续提高企业品牌软实力，依托电力工程建设、电力营销服务等讲好我国能源电力央企品牌故事，塑造正面的能源电力央企品牌国际形象，同时也需要加快构建具有国际话语权的符合我国能源电力央企特色的品牌价值评价体系，客观反映企业品牌价值，引导形成正确认知。

（四）国际能源技术环境数字化转型加速，能源电力央企品牌建设需要强化技术赋能

为了应对不断增长的可再生能源比例和日益复杂的电力需求，全球多个国家正在加速推动能源数字化转型并出台了相关政策与意见以促进能源系统的现代化和可持续发展，我国能源电力央企品牌建设也面临着国际能源技术变革带来的数字化挑战。自 2015 年 5 月以来，欧洲委员会已经提出了 35 项立法提案和政策倡议，作为其数字单一市场战略的一部分。这些政策旨在促进整个经济的数字化战略发展，并确保能源部门的视角和权益被考虑在内[4]。数字化转型已经成为当前推动国际能源市场的创新和竞争的主要因素，不仅可以增强企业的运营能力，还为品牌建设注入现代化的内涵。我国能源电力央企需要加快推动数字化技术在品牌建设、品牌管理等场景中的应用，在促进数字化技术服务品牌的同时推动技术成为品牌。

同时，随着智能技术的广泛应用，能源电力央企的品牌传播方式也在发生深刻变革。通过大数据、人工智能等前沿技术的应用，这些企业实现从传统单向传播向双向互动的转变。能源电力的技术创新既可以通过专利等知识产权形式直接转化为技术品牌，也可以作为企业品牌技术实力的体现，持续夯实企业品牌的技术底座，借助形成能源电力行业标准筑牢国际话语权。同时，依托全媒体大数据以及 AIGC 的应用可以助力能源电力央企开展品牌创新传播、品牌资产信息智能监测等，借力数字化方式有效优化能源电力品牌资产管理，通过技术硬实力赋能企业品牌建设。

1.1.2 国内政策形势

党的十八大以来，党和国家高度重视、大力推动世界一流企业建设。习近平总书记在主持召开中央全面深化改革委员会第二十四次会议时强调，"加快建设一批产品卓越、品牌卓著、创新领先、治理现代的世界一流企业"。国家发展改革委等部门出台的《关于新时代推进品牌建设的指导意见》、国务院国资委印发的《关于开展中央企业品牌引领行动的通知》等一系列政策举措，为我国能源电力央企加强品牌建设、构建卓著品牌符合我国建设世界一流企业提供了基本遵循，明确了建设方向，也塑造了良好的政策环境。

（一）贯彻落实碳达峰、碳中和战略决策为能源电力央企品牌建设明确了发展重心

实现碳达峰、碳中和，是以习近平同志为核心的党中央统筹国内国际两个

大局作出的重大战略决策，这既是我国在全球应对气候变化行动中的坚定承诺，也是对我国能源电力央企品牌建设提出的新要求，指明的新方向。为确保实现"双碳"目标，国家发展改革委、国家能源局、国家数据局印发了《加快构建新型电力系统行动方案（2024－2027 年）》，能源电力央企作为建设新型电力系统的"主力军"，在国家战略的引领下，逐步加快能源转型步伐，将贯彻国家战略目标与政策落实作为品牌建设的发展重心。

当前，大多数能源电力央企都在围绕绿色能源的开发与利用开展全面布局，加大在清洁能源、节能减排、碳捕集与封存等技术领域的研发投入，并将这些技术创新作为品牌建设的重要内容，在品牌实践中强调其对环境保护和气候变化应对的承诺与行动，以此提升能源电力央企品牌在市场中的认知度与影响力。如国家能源集团宣布将大幅增加对风能、太阳能等可再生能源的投资，计划到 2025 年，非化石能源发电装机容量占比将超过 40%[5]，通过积极响应国家碳达峰、碳中和的战略部署，国家能源集团有力地塑造绿色发展的企业品牌形象。

（二）央企品牌引领行动为能源电力央企品牌建设提供了政策指引

能源电力央企加强品牌建设、构建卓著品牌符合我国建设世界一流企业的基本遵循，也是推进实现中国制造向中国创造转变、中国速度向中国质量转变、中国产品向中国品牌转变的有力支撑。2022 年 11 月，国务院国资委印发了《关于开展中央企业品牌引领行动的通知》，强调中央企业要加快实施中央企业品牌引领行动，将品牌战略实施作为重要抓手，通过着力提升品牌管理水平、着力强化品牌关键影响因素、着力加快品牌国际化进程、着力优化特色品牌建设路径为我国世界一流企业建设注入强大动力。在品牌引领行动指引下，我国能源电力央企品牌建设取得了重要进展，在品牌战略、品牌管理以及品牌国际化等方面均有所突破，以国家电网、中国能建等为代表的电力央企在 Brand Finance 等机构发布的品牌价值国际知名榜单上实现新的突破。2024 年 5 月，国家电网被国务院国资委选树为优秀集团品牌[6]，这充分彰显了能源电力央企在品牌引领行动下的建设成效。

（三）"三大倡议"为能源电力央企品牌国际化指明了基本路径

习近平总书记提出的全球发展倡议、全球安全倡议和全球文明倡议"三大倡议"，对能源电力央企品牌建设具有深远的指导意义，这些倡议不仅体现了中国对于全球治理的积极参与和贡献，也为能源电力央企在国际舞台上的品牌建设提供了行动框架和方向指引。在践行全球发展倡议过程中，能源电力央企通过参与全球能源基础设施建设，如"一带一路"倡议下的项目，可以展示其在促进全球能源互联互通和可持续发展方面的责任和贡献，进而提升企业的国际形象，增强品牌的全球影响力；在践行全球安全倡议过程中，能源电力央企通过加强技术创新和安全管理，确保能源供应的稳定性和可靠性，同时在国际合作中可以展示其在保障能源安全、应对气候变化和推动绿色低碳发展方面的能力，从而提升品牌的国际竞争力；在践行全球文明倡议过程中，能源电力央企可以通过社会责任项目根植、企业文化交流等展示其文化自信和开放包容的品牌形象，提升品牌的文化价值和国际认同。

（四）加强国际传播为能源电力央企提升企业国际知名度与影响力提供了有力举措

党的二十届三中全会报告指出，要构建国际传播体系，要加强舆论引导，有效防范化解意识形态风险，要有效应对外部风险挑战，引领全球治理，主动塑造有利外部环境。作为服务"一带一路"高质量发展的主要支撑，也作为国家形象塑造的主要载体，能源电力央企要提高企业国际知名度与影响力需要强化服务党和国家战略大局意识，提高企业国际传播专业能力，通过在气候变化、全球减贫、绿色发展、多边主义等议题中广泛充分宣传介绍中国的能源电力央企主张与方案，逐步提升重大问题对外发声能力。通过讲述中国能源电力央企的企业故事以及通过能源电力央企的积极社会责任履行等，逐步引导形成全球能源市场中的正确品牌认同，提高我国能源电力行业的美誉度、知名度，进而更好地参与全球能源治理，充分利用我国在能源电力行业的特高压标准等话语权优势，带动一批成熟的产品、技术和标准走出国门、走向世界，牢牢把握国际话语权，全面提高我国能源电力央企的品牌国际知名度与影响力。能源电力央企品牌建设的相关政策梳理见表 1-1。

表 1-1　　　　　　　　能源电力央企品牌建设的相关政策梳理

时间	发布主体	文件名称	核心要点
2016-06-10	国务院办公厅	国务院办公厅关于发挥品牌引领作用推动供需结构升级的意见	发挥品牌引领作用，推动供给结构和需求结构升级，是贯彻落实新发展理念的必然要求，有助于激发企业创新活力，提升产品品质，增加有效供给，满足消费升级需求……
2021-07-27	国家知识产权局	国家知识产权局关于进一步加强商标品牌指导站建设的通知	以习近平新时代中国特色社会主义思想为指导，深入实施商标品牌战略，加强商标品牌指导站建设。 提升商标品牌的市场价值和社会效益，推动中国产品向中国品牌转变，支撑经济高质量发展
2021-08-24	国家发展改革委、教育部、科技部、工业和信息化部、民政部、财政部、人力资源社会保障部、自然资源部、住房城乡建设部、农业农村部、商务部、文化和旅游部、国家卫生健康委、中国人民银行、市场监管总局、国家广电总局、中国银保监会、中国证监会、国家知识产权局、国家乡村振兴局	人力资源社会保障部、国家发展改革委等 20 部门关于劳务品牌建设的指导意见	以习近平新时代中国特色社会主义思想为指导，围绕劳务品牌高质量发展，坚持市场化运作、规范化培育，实现品牌化推广、产业化发展。力争在"十四五"期间，建立劳务品牌发展的促进机制和支持体系，提升劳务品牌的知名度、认可度和美誉度，增强其带动就业创业和助推产业发展的效果……
2022-07-29	国家发展改革委、工业和信息化部、农业农村部、商务部、国务院国资委、市场监管总局、国家知识产权局	国家发展改革委等部门关于新时代推进品牌建设的指导意见	以习近平新时代中国特色社会主义思想为指导，全面贯彻新发展理念，以深化供给侧结构性改革为主线，开展中国品牌创建行动。到 2025 年，品牌建设初具成效，形成层次分明的品牌体系；到 2035 年，品牌建设成效显著，中国品牌成为推动高质量发展的有力支撑。

时间	发布主体	文件名称	核心要点
2022-11-23	国务院国资委	国务院国资委关于开展中央企业品牌引领行动的通知	以习近平新时代中国特色社会主义思想为指导，推动中央企业实施品牌战略，提升品牌管理水平，形成品牌竞争新优势。坚持党的领导与服务人民相结合，问题导向与对标一流相结合，价值驱动与管理提升相结合，统筹推进与分类实施相结合。到2025年，中央企业品牌引领意识明显提升，品牌管理广泛实施，具备完善的品牌建设体系和推广能力，品牌全球认知度、认可度、认同度显著提高
2023-06-13	工业和信息化部办公厅	工业和信息化部办公厅关于开展2023年工业和信息化质量提升与品牌建设工作的通知	以习近平新时代中国特色社会主义思想为指导，深入学习贯彻党的二十大精神，落实党中央、国务院决策部署，坚持质量第一、效益优先，推动制造业高质量发展。开展质量标准品牌赋值中小企业专项行动，增强中小企业质量品牌意识，提升中小企业质量发展能力。加强品牌建设，加快品牌培育和创建，加强品牌评价和传播
2024-05-28	农业农村部办公厅	农业农村部办公厅关于开展2024年农业品牌精品培育工作的通知	2024年，继续在前两年的基础上，重点培育32个品类的区域公用品牌，涵盖粮油、果品、蔬菜、畜禽、水产和中药材等具有国内外市场竞争优势的品类

1.2　能源电力央企的功能定位及品牌建设需求

1.2.1　能源电力央企的功能定位

（一）能源电力央企功能作用分析框架

国有企业价值创造过程是明确价值作用与价值目标，结合发展机遇与约束条件制定实现价值定位的具体路径，并将价值定位和实现途径与政策制定部门、产业链利益相关者和广大社会公众充分沟通以实现价值认同的完整闭环，是价值定位、价值实现、价值沟通及三者之间双向作用关系的闭环（见图1-1）。

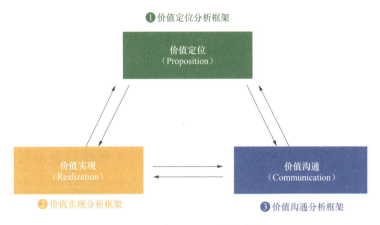

图 1-1　国有大型企业价值创造过程

价值定位为价值实现提供了方向和目标,价值实现是对价值定位在企业层面进行落地实践以达成目的的做法；价值实现是价值沟通的内容,同时价值沟通的效果也会影响价值实现的方式、途径等；价值沟通的成功与否会在很大程度上决定企业实际所达成的价值定位的范围,所以价值定位也是价值沟通的内容。三者之间的关系处于动态流动过程中,任一环节都会影响其他两个环节以及价值创造整个过程。

（二）能源电力央企功能维度

在政治属性、市场属性、行业属性与国别属性方面,能源电力央企是中国特色社会主义的重要物质基础和政治基础,要坚决贯彻和执行党中央决策部署,坚持公有制主体地位,发挥产业主导作用,推动国有资产保值增值,通过特大规模进一步挖掘资源稀缺性和规模经济效益、范围经济效益；在行业属性方面,能源电力央企属性则更独特和丰富,从对生产生活的高渗透性来看,属于**公用事业型**企业、**基础产业型**企业和**先行产业型**企业；从在产业链中的定位和作用视角来看,属于**能源骨干型**企业和**网络平台型**企业；从技术视角来看,属于**技术密集型**企业；从环境视角来看,属于**生态敏感型**企业。

围绕能源电力央企在党和国家事业中的基本定位,结合企业属性,从十二个方面形成能源电力央企功能分析维度（见图1-2）。

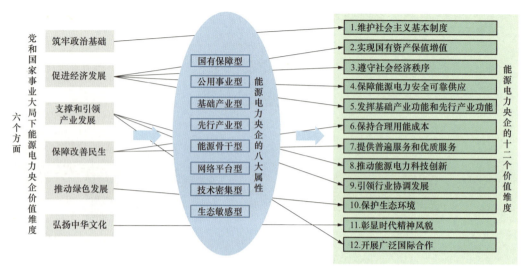

图 1-2 能源电力央企价值分析维度

（1）维护社会主义基本制度。能源电力央企把政治建设摆在首位，始终维护并贯彻落实社会主义基本制度，坚持党的全面领导，坚持以人民为中心的发展思想，紧跟国家体制机制改革的步伐和节奏，作为国家发展道路的重要物质基础和政治基础。

（2）实现国有资产保值增值。立足能源电力央企的市场主体角色，提高管理效能和经营质量，实现产品卓越、品牌卓著、创新领先、治理现代，持续提升竞争力、创新力、控制力、影响力、抗风险能力。

（3）遵守社会经济秩序。保护公司、股东、债权人、职工等的合法权益，必须遵守法律、行政法规，遵守社会公德、商业道德，诚实守信，接受政府和社会公众的监督，承担社会责任。在参与市场活动中，坚持公开、公平、公正的原则，不能以各种理由破坏市场经济秩序。

（4）保障能源电力安全可靠供应。能源安全生产是保障人民安居乐业、保障社会安定和谐、保障国家总体安全的基石，要将安全作为一切工作的基础，全力保障能源安全生产、全力保障能源系统稳定运行、全力保障能源安全可靠供应，具备应对突发安全事件的应急管理能力。

（5）**发挥基础产业功能和先行产业功能**。能源电力是经济社会运行的基本要素，能源工业是国民经济发展的基础产业，是工业化进程中的先行产业，在经济社会发展中发挥战略引领和基础保障作用，要适应国民经济和社会发展的需要，适当超前发展。

（6）**保持合理用能成本**。用能成本是全社会综合用能成本的重要组成部分，能源工业和能源企业要统筹满足全社会发展用能需求、保障能源可持续发展与保持合理用能成本的关系，采取综合措施不断降低用能成本。

（7）**提供普遍服务和优质服务**。服务是企业立足之本，普遍服务即实现全民用上能，实现普惠均等的能源供应；优质服务即实现全民用好能，持续提升供能服务品质，改善用户服务体验，优化营商环境，不断满足人民美好生活需要。

（8）**推动能源电力科技创新**。能源电力属于技术密集型行业，能源电力央企代表了国家最重要的战略科技力量，承担推动国家科技进步的重要使命，要在推动能源电力创新方面发挥重大作用，打通从能源科技强到企业强、产业强、经济强、国家强的通道。

（9）**引领行业协调发展**。建设现代能源体系需要系统各环节的高度协同，能源电力央企作为推动能源电力产业链协同发展的关键主体，要深度融合能源电力全产业链、全价值链、全生态圈的业务，凝聚共识，引领行业整体资源配置效率最大化。

（10）**保护生态环境**。能源电力与生态环境具有高度相关性，能源电力央企在生态环境保护方面发挥重要支撑作用，要坚持走生态优先、绿色发展的发展道路，加快调整能源结构，成为助力经济社会全面绿色转型的关键力量。

（11）**彰显时代精神风貌**。大力弘扬伟大建党精神，传承中华优秀传统精神文化，在推进能源事业发展的生动实践中，积淀形成深厚博大的精神内涵，有力彰显不同时代的精神风貌。

（12）**开展广泛国际合作**。能源合作是我国国际合作的重要领域，要不断提高投资运营和国际化经营能力，扩展国际合作范围，提升国家在全球能源治理中的话语权影响力。

（三）新发展阶段下能源电力央企功能定位

党的十八大以来，党和国家事业取得历史性成就、发生历史性变革，推动我国迈上全面建设社会主义现代化国家新征程。充分考虑我国进入新发展阶段所面临的新发展形势，充分吸收能源电力央企作为国家重要能源安全保障的历史发展经验，基于价值维度，形成新发展阶段下的价值定位（见图1-3）。

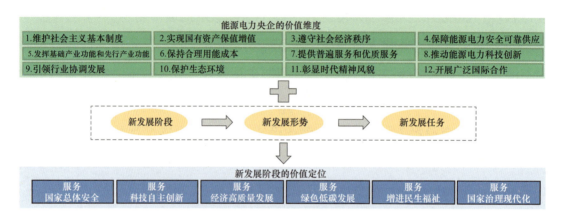

图 1-3　新发展阶段下能源电力央企功能定位

能源电力央企在新发展阶段下的价值定位主要包括服务国家总体安全、服务科技自主创新、服务经济高质量发展、服务绿色低碳发展、服务增进民生福祉、服务国家治理现代化等六大价值，并可进一步拓展具体角色定位。为新发展阶段下能源电力央企贯彻落实党和国家决策部署，更好服务高质量发展提供了方向坐标。

（1）服务国家总体安全：成为保障能源安全的央企标杆。能源安全是国家总体安全的关键组成，保障能源安全可靠供应是中央企业的首要责任。能源电力安全与国计民生联系紧密，与其他各类国家安全相互影响，联动耦合程度日益加深，作为经济社会发展的动力生命线，对国家安全具有重要的支撑保障作用。特别是随着能源加速绿色低碳转型，清洁化、电气化、数字化趋势深入发展，电力消费日益成为主要的终端用能形式，能源电力安全的重心将进一步转向新型能源体系建设，演化为能源系统安全和产业链、供应链安全。随着能源电力供应安全在总体国家安全观下地位日益重要，需要更加强调安全可靠电力供应、保障能源安全、具备高水平应急体系等价值定位。

（2）服务科技自主创新：成为能源科技高水平自立自强的国之重器。习近平总书记深刻指出，构建新发展格局最本质的特征是实现高水平的自立自强，能源电力央企必须立足自身政治属性、资源优势、市场影响力和行业枢纽定位，瞄准能源转型的技术发展趋势，加快培育自身的创新能力，带动和激发全行业的创新活力，推动能源产业链和创新链整体能力的提升。能源电力央企是国家能源电力领域科技创新最重要的战略科技力量，要成为能源电力科技原创技术的策源地，成为推动实现能源电力高水平自立自强的主力军。

（3）服务经济高质量发展：成为现代化能源经济体系的行业基石。能源电力央企要在服务经济高质量发展方面持续发挥支柱性作用，以服务社会主义现代化建设为目标，成为振兴实体经济的顶梁柱。把做实做强做优实体经济作为主攻方向，落实好能源革命综合改革试点要求，持续推动能源产业结构调整和业务布局优化。大力发展战略性新兴产业，勇当现代能源互联网产业链"链长"，切实维护产业链供应链安全稳定。深化"一带一路"能源基础设施建设和互联互通，推动投资、建设、运营带动技术、装备、标准"走出去"，增强我国能源产品和服务的竞争力与影响力。

（4）服务绿色低碳发展：成为实现"双碳"目标的引领企业。能源电力央企要成为服务全社会绿色低碳发展能源领域的引领者、推动者、先行者，在服务现代能源体系建设，实现"双碳"目标中作出更大贡献。当好"引领者"，带动产业链、供应链上下游，加快能源生产清洁化、能源消费电气化、能源利用高效化，推进能源电力行业尽早以较低峰值达峰；当好"推动者"，促进技术创新、政策创新、机制创新、模式创新，引导绿色低碳生产生活方式，推动全社会尽快实现碳中和；当好"先行者"，系统梳理能源供应消费各环节、各领域节能减排清单，深入挖掘节能减排潜力，实现企业碳排放率先达峰。

（5）**服务增进民生福祉：成为推进共同富裕的先行企业**。能源发展关系国家安全和国计民生，与广大人民群众生产生活息息相关，要坚持以人民为中心，主动服务经济社会发展和人民美好生活，履行好能源电力央企社会责任。能源电力央企存在和发展的根本目的在于服务人民、服务国家，要坚持以人民为中心，聚焦国计民生、公共服务等功能，始终坚持以满足人民美好生活需要为己任，成为优质能源服务的保障者，成为拉动社会就业的高标杆，成为促进城乡区域协调发展、成为服务乡村振兴的先行者和实现共同富裕进程中的连心桥。

（6）**服务国家治理现代化：成为中国特色现代企业发展道路的表率企业**。作为关系国计民生的骨干央企，能源电力央企在国家治理现代化进程中肩负重要的责任。国家治理体系现代化要求企业坚持党的全面领导，成为全面从严治党的排头兵。坚持依法治企，成为央企合规经营的守法标兵。坚持全面深化改革，成为改革发展的开拓者。健全中国特色现代企业制度，将国家有关制度要求落到实处，提升对党和国家工作大局的支撑力和贡献度。

1.2.2　能源电力央企品牌建设需求

（一）以品牌建设引领企业高质量发展

（1）**强化战略执行，实现品牌强企，持续塑造能源电力央企品牌引领力**。品牌是企业的最高竞争战略，必须要从战略高度谋划品牌，大力推进品牌强企。能源电力央企要健全品牌工作体系，把品牌战略作为企业发展战略的核心组成部分，同步实施，一体推进，确保品牌战略与其他战略目标紧密结合，以实现资源的优化配置和市场的有效定位。制定长远的品牌发展规划，明确品牌定位、形象塑造和价值提升的具体目标，能够为品牌的持续发展提供清晰的方向。要打造品牌鲜明印记，紧扣能源电力央企推动落实"四个革命、一个合作"能源安全新战略的企业使命，结合企业使命、愿景、价值观等赋予品牌鲜活个性，将社会责任植入品牌基因，打造具有包容性、协同性和延展性的品牌理念。

（2）**强化全面管理，夯实品牌品质，不断提升能源电力央企品牌的附加值**。

加强品牌管理，是促进品牌内在价值与市场价值共同成长的重要途径，能源电力央企要完善品牌管理架构，结合企业业务属性、产品定位等建立健全品牌管理制度和考评机制，加大资源整合力度，推动品牌管理工作规范化、体系化。要加强品牌质量管控，牢固树立质量第一，以质取胜的意识，实施全面质量管理，构建数字化、智能化管控模式，让高品质成为能源电力央企的金字招牌。要建立品牌保护机制，将品牌作为企业核心资产，更加注重并购品牌的继承、维护，提高品牌的危机识别、分析、处理能力，切实维护企业的品牌权益。

（3）强化创新赋能，增强品牌科技底色，加快提高能源电力央企品牌的含金量。能源电力央企要增强品牌的科技底色，加强技术创新、管理创新和品牌创新的有效联动，大力提升品牌的科技含量，让创新成为企业品牌的鲜明底色。要不断推进业务创新、业态创新和商业模式创新，以新理念、新技术改造提升传统业务转型升级，以品牌建设赋能企业管理流程优化，提高服务效率和质量。要促进文化的深度融合，创造性地把中华优秀传统文化融入央企品牌，挖掘凝练企业历史传承，着力构建以中国精神、中国力量为内核、主题突出、个性鲜明、奋发向上的品牌文化、厚植品牌底蕴。

（二）以品牌建设增强企业内驱动力

（1）优化企业品牌资产体系，完善能源电力央企品牌架构。能源电力央企要全面贯彻落实国务院国资委创建世界一流示范企业要求，加快构建统一品牌架构体系，形成母品牌与子品牌良性互动的生态发展模式，增强品牌合力，确保公司品牌价值持续提升。健全以能源电力央企为母品牌，与企业品牌、产品品牌、业务品牌、服务品牌、文化品牌等多种类型子品牌的复合型品牌架构模式，强化核心理念一致性，进一步科学确立分类管理策略，提高品牌资源运用效率，推动各类子品牌高效、准确传递公司价值理念，协调推进能源电力央企各类子品牌发展，为能源电力央企品牌资产保值增值奠定扎实基础。

（2）推动企业品牌资产孵化，扩大能源电力央企品牌生态。深入推进品牌和业务紧密融合，立足业务特色与市场需求，灵活推动能源电力央企品牌资产孵化，依托资产积累优化增强能源电力央企竞争优势，并依赖于强大的竞争力，加强优质品牌资产获取，吸引更多相关方参与到品牌生态中，以新建、合作等方式，引入全新优质子品牌，充实品牌资产目录，助力能源电力央企扩大品牌生态价值网，形成有效的价值链互动，促使生态更加优化、有序发展和稳定，将品牌生态拓展转化为品牌资产的功能属性，提高能源电力央企品牌的增值力、竞争力、全球力，将生态优势融入品牌资产的象征属性，在品牌资产的扩大过程中提升能源电力央企品牌的文化力、影响力和责任力。

（3）规范品牌资产价值评估，推动能源电力央企品牌资产价值提升。立足能源电力央企特色与业务特点，从品牌业务布局、品牌产品服务、品牌战略管理、品牌影响力、品牌国际化、品牌组织保障等方面，针对不同类别的品牌资产构建差异化、符合企业品牌发展战略的评估体系，定期或者动态化地开展品牌资产自评估。结合外部市场评价，充分引入专业品牌价值评估理论、方法和模型，根据品牌经营发展实际和需要，以及企业目标受众对品牌的认知、认同和喜爱程度，针对性地形成、改进品牌差异化发展策略，搭建品牌价值提升体系，夯实品牌价值提升基础切实发挥品牌资产的品牌引领内驱力。

（三）以品牌建设提升企业国际化水平

（1）加快建设世界一流企业，塑造能源电力央企良好国际形象。能源电力央企加快贯彻落实全球文明倡议，以高质量共建"一带一路"为重点，聚焦世界一流企业建设目标，依托能源电力产品、技术、工程与服务等突出企业功能性优势，通过扩大能源电力投资、深入开展本土化合作等方式，提高能源电力央企在全球范围内的品牌渗透能力，强化对全球供应链和品牌的组合管理，提高自身品牌的知名度和竞争力。以国际能源市场导向，明确品牌国际化定位及价值主张，立足区域政策、市场环境以及自身优势，打造一批效率领先、效益领先和品质领先的世界级品牌，以品牌为载体带动海外市场与国际受众形成对能源电力央企的正确认知，全面树立正面的能源电力央企国际形象，助力迈向全球产业链、价值链中高端，建设品牌卓著的世界一流企业。

（2）**提高品牌国际话语权，稳定国际发展环境**。能源电力央企作为推动高质量发展、建设现代化经济体系的骨干力量，在经济高质量发展过程中承担着理念探索、方向导航的重要作用，在国家参与全球治理任务中承担着重要的载体责任和行动者角色，要加快打造具有国际竞争力的企业品牌，围绕海外业务发展需求，制定品牌全球传播策略及区域传播策略，构建更有效力的国际传播体系，持续提升企业品牌品质和信誉，稳定国际舆论发展环境，助力企业在更宽领域和更高层次开展国际合作，以高质量发展的责任央企形象，推动塑造国家形象，凝聚合力建设品牌强国，打造行业发展的全球品牌典范，在激烈市场竞争中赢得话语权、定价权。

（3）**拓宽企业品牌国际化市场，开展品牌国际化运营**。能源电力央企要加快"走出去"，实现国际化发展，必须要坚持高质量发展理念，立足于企业的主营业务以及核心特色，注重与当地的政治、经济、文化背景相结合，强调策略落地性、可操作性，不断细化，在做到"一国一策"的基础上，朝着"一地一策""一区一策"的策略精细化方向发展。建立健全涵盖品牌战略规划、品牌运营管理、品牌风险评估、品牌危机处理等内容的品牌国际化管理体系，明确集团总部、驻外机构等各层级管理职责，提升服务质量和运营效率。同时，需要强化能源电力央企海外品牌资产保护，为海外业务高质量发展保驾护航，立足优势产业加大国际产业链、供应链上下游延伸布局，积极引入全球优质品牌资产，增强品牌张力和全球竞争力。

（本章撰写人：陈光　审核人：邵美琦）

2

品牌建设理论与品牌价值评价方法研究

2.1 品牌建设经典理论研究

品牌"Brand",指用以识别企业提供给某个消费者或某群消费者的产品或服务,并使之与竞争对手的产品或服务相区别的名称、术语、标记、符号等。品牌传达出六个层次的内容,即属性、利益、价值、文化、个性和使用者。其中,品牌价值被称为品牌的无形资产,可以转化为企业的有形收益;品牌文化则是将具象的品牌标记赋予深层的内涵,以形成更具持久的品牌价值。在市场经济活动中,品牌知名度高的企业具有独特的品牌文化和更高的品牌价值,它能够培养消费者的品牌忠诚,给产品和企业带来更高的溢价与市场份额。

自 20 世纪 50 年代"品牌"这一概念被正式提出以来,越来越多的专业领域开始把"品牌问题"纳入研究范围。尤其伴随 90 年代全球经济的爆发式增长,品牌理论的研究不断深入,"品牌理论丛林"日益枝繁叶茂。品牌理论的发展历程如下:

(1)品牌识别理论阶段(20 世纪 50－60 年代)。20 世纪 50 年代,随着科技的发展,工业生产逐步走向标准化和规模化,商品种类和数量迅速扩充,市场由卖方市场转向买方市场。企业意识到若要取得市场竞争的优势,必须使自身具有区别于其他竞争者的特征。1950 年,奥美广告创始人奥格威首次提出品牌概念,他将品牌定义为一种象征,由属性、名称、包装、价格、历史、声誉、广告风格组合而成。在品牌概念基础上,奥格威于 1963 年提出了品牌形象理论。该理论关注品牌的感性利益,提出三个原则,即随着产品同质化的加强,消费者对品牌的理性选择减弱;广告应着重赋予品牌更多感性利益;任何一则广告,都是对品牌形象的长期投资。在对品牌内涵的进一步挖掘下,美国 Grey 广告公司提出了"品牌性格哲学",日本小林太三郎教授提出了"企业性格论",从而形成了品牌个性论。该理论强调品牌人格化、活性化,提出由品牌个性来促进品牌形象的塑造,通过品牌个性吸引特定人群。这一阶段的品牌理论创造性地将产品营销提升到品牌营销层面，以至品牌营销成为 20 世纪下半叶营销的核心概念。同时，也促使品牌形象从外在识别走向内在塑造，品牌文化雏形初步显现。

（2）品牌定位理论阶段（20 世纪 70－80 年代）。进入 20 世纪 70 年代，产品同质化现象日益严重，知名品牌形象也被越来越多的企业模仿，让消费者难以选择。此时找准自身的客户群体，细分已经饱和的市场成为营销理论聚焦点。艾尔·里斯和杰克·特劳特在其著作中提出品牌定位理论，该理论以打造品牌为中心，以竞争导向和进入顾客心智为基本点。里斯和特劳特认为定位是针对现有产品创造性的思维活动，它不是对产品采取什么行动，而是将产品定位在顾客的心中。这一阶段理论开创性地从消费者角度出发，明确企业营销重点，区分自身产品与竞争对手的产品，开始结合企业历史与企业价值，打造独具特色的品牌文化，从而推动品牌理论从企业中心视角向消费者中心视角转变。

（3）品牌资产理论阶段（20 世纪 80－90 年代）。20 世纪 90 年代，科技的进步、消费者理念的变化使得市场竞争更加激烈。对于消费者而言，商品可以满足其基本的物质需求，而品牌则为其精神满足起到关键作用。大卫·艾克在《管理品牌资产》一书中提出了品牌资产理论，他认为品牌可以增加或减少企业和产品的资产价值。品牌资产形成的要素包括品牌知名度、品牌信任度、品牌美誉度、品牌忠诚度等。除了研究定性的品牌资产，一些学者还从定量的角度提出了品牌资产模型，如世界品牌实验室（1990 年）独创了国际领先的"品牌附加值（BVA）工具箱"；英国英特品牌咨询公司（1992 年）提出了基于未来收益贴现的品牌资产评估模型等。品牌资产理论进一步证明企业制胜的武器是建立强势的品牌资产，从而推动企业在竞争导向的市场环境中，将经营的重心放到品牌资产上。在这一阶段，品牌的资产价值得到重点关注，而作为维护品牌资产价值长久效力的品牌文化逐步发挥作用，成为维护品牌资产重要因素。

（4）品牌关系理论阶段（20 世纪 90 年代－21 世纪初）。随着体验经济时代的到来，品牌的消费者导向日益明确，以保持客户忠诚度为核心的关系营销模式在市场流行，品牌与消费者的关系逐渐成为品牌理论研究的焦点。M·布莱克斯通（1995 年）将品牌关系界定为"客观品牌与主观品牌的互动"，指出品牌关系是品牌的客观面（主要表现为品牌形象，形象有好坏）与主观面（主要表现为品牌态度，态度有正负）这两个维度相互作用的结果。古德伊尔（1996 年）提出了品牌角色阶梯模型：质量、符号、偶像、个性和情感层层递进。T·邓肯和莫瑞蒂（1999 年）从企业实际运作的角度提出用八个指标来评价消费者与品牌的关系：知名度、可信度、一致性、接触点、同应度、热忱心、亲和力以及喜爱度。福尼尔（2001 年）将品牌关系分成四个层面的关联来研究：消费者与产品关联、消费者与品牌关联、消费者与消费者关联以及消费者与公司关联，从而扩展了品牌关系的外延。品牌关系理论以品牌和消费者的联动为视角进行理论探索，将品牌文化作为品牌与消费者连接纽带，阐明品牌和消费者之间的密不可分的关系。

（5）品牌生态理论阶段（21 世纪初至今）。随着研究和实践的深入，人们发现品牌的发展不仅要处理好与消费者的关系，还要处理好与品牌的整个外部环境的关系。詹姆斯·摩尔（1996 年）在此基础上首次阐述了商业生态系统的定义，为学者们开拓了品牌理论研究新视角。菲利普·科特勒（2002 年）指出，目前品牌管理的视野已经扩展到了生态系统的疆域，其中至少有四股力量成为这场巨变的催化剂，即科技进步、全球化、自由化和民营化。这一阶段理论帮助人们拓宽品牌视野，认同品牌文化的重要意义，认识到品牌与其相关利益者群体的和谐共生的生态关系。品牌文化作为品牌生态中的"筋脉"，串联起不同品牌个体和各个利益相关方，从而在对品牌发展综合考量中推动各方利益群体共同进化。

在历经六十多年的发展中（见图 2-1），品牌理论视角从企业中心逐渐向消费者中心再到整个生态群体中心转移。品牌研究逐渐从具象化的品牌标识延伸到品牌背后的价值和围绕品牌的生态体系。企业制胜的武器是建立强势的品牌

资产和独特的品牌文化，企业品牌可持续发展需要充分考虑品牌生态中各利益相关方的需求。但品牌理论发展各个阶段并不是割裂状态，品牌文化始终贯穿其中。品牌文化作为品牌的基础和品牌价值长久效力的重要保障，它决定着品牌存在的方式、演变的路径，是品牌的精神理念，是企业和消费者共同构建的价值观。在文化的连结下，品牌理论在发展演进过程中，并不是"一方唱罢，一方登台"的新旧更替，而是始终处于新旧理论共存状态中。新理论的出现，不意味着旧理论的淘汰，而是为企业的品牌理论提供了多一种选择。而作为品牌深层精神理念的品牌文化，也在品牌理论的发展中不断升华，从雏形初现到为大众认知，最终成为大众所认同的品牌重要内核。

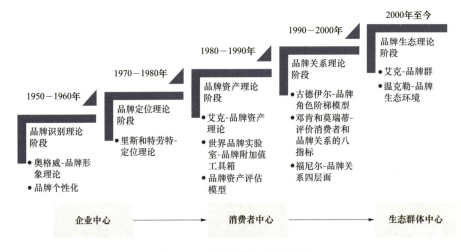

图 2-1　品牌理论发展历程

2.2　国际知名品牌价值评价方法研究

当前，在全球范围内权威性较高且得到社会各界广泛认可的品牌价值评价方法主要有四种，依据其侧重点不同，分为注重无形资产的品牌价值评估方法、注重利益相关方的价值评估方法、基于商业价值的量化评估方法以及注重品牌贡献度的价值评估方法。四种评估方法分别由 World Brand Lab、Brand Finance、Interbrand 和 BrandZ 四家国际品牌价值评估机构提出，在全球品牌价值评估领域具有很高的权威性与影响力。

（一）注重无形资产的品牌价值评估方法

强调企业无形资产的品牌价值评估方法主要是采用调整后的收益现值法对品牌价值进行测评。收益现值法基于经济适用法，综合了消费者研究、竞争分析以及对企业未来收入的预测。该方法参考了国际上通用的品牌价值评价方法，比较了各种评估模型的特点，结合当前全球的经济背景和竞争环境，对影响品牌的各个指标进行测评分析。这种计算方法充分考虑到了企业品牌自身的经营状况（包括营业收入、增长率等）和品牌为企业带来的收益（品牌附加值指数以及品牌强度系数）。具体计算步骤如下（见图 2-2）：

（1）开展数据收集研究和市场分析研究，做出相关市场假设。

（2）由 BVA 工具箱分析得到品牌附加指数（BI），并剔除与品牌因素无关的收益额。"品牌附加值（BVA）"反映品牌对购买决策的重要性。例如，在奢侈品行业，品牌对购买决策影响较大，而在工业，其影响则相对较小。此处 BVA 比率将由专业品牌评审团根据过去五年专利、版权或品牌相关收益额进行汇总分析后，结合行业特征与品牌联想度、品牌忠诚度和品牌认知度等因素综合得出。

（3）开展相关财务预测分析，基于历史收益增长率，对当年在内的公司前三年的营业收益预测未来五年营业收益；若公司成立年份不足三年，则适当调整。

（4）计算品牌加权平均资本成本，以影响公司品牌的各个项目（包括普通股、优先股、公司债及其他长期负债各自的资金成本或要求回报率）为基础，对其权重加权得出品牌折现率。

（5）根据七大维度计算品牌强度系数。计算维度包括品牌领导力、品牌互动力、品牌趋势、品牌稳定性、品牌年龄、品牌行业性质和品牌全球化。

（6）计算品牌价值，即将品牌强度系数与折现后的收益相乘。

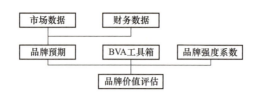

图 2-2　注重无形资产的品牌价值评估方法

（二）注重利益相关方评价的品牌价值评估方法

注重利益相关方评价的品牌价值评估方法主要使用特许费率法计算品牌价值。该方法的定义是一个公司愿意为授权使用一个品牌而支付的价值（假设该公司目前没有拥有该品牌的使用权）。这种方法涉及估计品牌的未来收入并计算使用该品牌所需要支付的特许费率。特许费率法通常被财务、税务和法律环境下的管理工作所青睐，因为品牌价值是基于参考有记录的第三方交易而计算得出，而非主要来自较为主观的观点数据的搜集和分析。该计算可以通过公开可用的财务信息和其他市场量化信息进行分析来完成。具体计算步骤如下：

（1）计算品牌强度。在 1～100 分范围内基于一系列属性（如情感联结、财务绩效、可持续性指数及其他指标）计算品牌强度，品牌强度架构和具体计算指标会根据行业的不同进行适当调整。

（2）计算品牌的特许费率。首先通过搜索和审核授权许可协议数据库及其他在线数据库中的可比较授权许可协议，整理品牌所属行业的特许费率范畴。其次对品牌所属的行业进行利润率分析，即分析行业品牌对该特许费率的可承受性。最后将品牌强度得分应用于特许费率范围，综合得出品牌专属特许费率。

（3）计算公司未来营收。根据公司历史表现和近期营收预测，结合长期行业及区域发展对公司未来营收进行计算。

（4）计算品牌价值。将品牌的特许费率应用至公司预期营收，计算品牌收益，并最终计算税后贴现的品牌收益（即净现值），也就是品牌价值。

（三）基于品牌商业价值的量化评估方法

基于品牌商业价值的量化评估方法主要采用经济附加值法评估各品牌对企

业经济利润的贡献、品牌的竞争优势和风险。主要通过分析一个企业的市场占有率、利润收入状况和产品销售量，并根据专业人士的主观判断估算企业品牌价值。这种评估方法是第一个通过 ISO 10668 国际公认的品牌价值评价体系。具体计算步骤如下（见图 2-3）：

（1）确定沉淀收益。首先确定营业收益，计算公式为：营业利润=营业收入–营业成本–期间费用–税金及附加。其次确定沉淀收益，计算公式为：沉淀收益=营业利润×有形资产利润。最后预测下一年度的沉淀收益。

（2）开展市场分析。确定沉淀收益中品牌作为无形资产对其产生的贡献值，一般使用主成分分析法确定品牌资产对沉淀收益贡献度（品牌指数）的大小。

（3）计算品牌强度。品牌强度等于品牌资产预期收益的贴现率，其计算依赖于专家打分。专家从销售范围、市场定位、市场性质、稳定性、支持力、品牌趋势、自我保护力等七个方面对企业打分，权重分别为 0.25、0.25、0.15、0.1、0.1、0.1、0.05，总分为 100 分。

（4）评估品牌价值。品牌价值为品牌收益与品牌强度的乘积，品牌收益为沉淀收益与品牌指数的乘积。

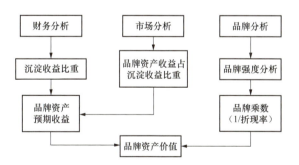

图 2-3　基于品牌商业价值的量化评估方法

（四）注重品牌贡献度的价值评估方法

注重品牌贡献度的价值评估方法运用品牌动力法，从消费者视角衡量品牌资产，并结合品牌相关的财务数据计算品牌价值。着重关注品牌"有意义、差异化、突出性"三个方面，认为这三个方面能促进购买，可促使消费者愿意为该品牌支付更高的品牌溢价。具体计算步骤如下（见图 2-4）：

（1）计算品牌对企业利润的贡献值。计算该品牌所产生的投资回报，如果企业有多个品牌，应将其他品牌创造的利润排除在外。

（2）确定品牌资产在品牌创造利润中的贡献份额。计算品牌贡献，即品牌资产所产生的品牌利润，是品牌对企业利润贡献值的一部分。

（3）评估出品牌强度。综合上述步骤确定品牌为企业带来的利润增长潜力。

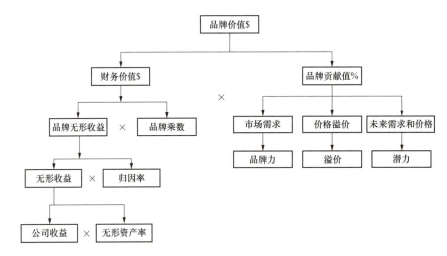

图 2-4　注重品牌贡献度的价值评估方法

（五）国际知名品牌榜单对比分析

从榜单评价方法来看，基于品牌商业价值的量化评估方法和注重品牌贡献度的价值评估方法的核心方法均聚焦于消费者感知，并基于此进行市场调研，从而形成数据驱动的品牌与消费者关系的定量评价。注重无形资产的品牌价值评估方法和注重利益相关方评价的品牌价值评估方法则采用综合评价方法，除了聚焦消费端，还关注政府、媒体、金融机构、资本市场、企业内部人员、外部上下游合作方等利益相关方对品牌的财务贡献。该方法强调品牌对企业整体财务状况的综合影响，其评估模型量化了品牌投资回报率，以量化后的品牌资产为依据对企业品牌价值进行综合考量。

从榜单评估要求来看，基于品牌商业价值的量化评估方法中候选品牌的经营范围必须覆盖至少全球三大洲，必须广泛涉足新兴的发展中国家和地区，必须有足够的公开财务信息，必须长期盈利且30%以上的收入必须来源于本国以外的地区。注重品牌贡献度的价值评估方法和注重利益相关方评价的品牌价值评估方法要求公开财务业绩和品牌价值两方面数据，尤其是注重品牌贡献度的价值评估方法对企业公开财务数据以及同品类相关企业公开数据要求较高。注重无形资产的品牌价值评估方法对此则无明确要求。四大品牌评估机构对标分析见表2-1。

表 2-1　　　　　　　　四大品牌评估机构对标分析

品牌评价机构	基于品牌商业价值的量化评估方法	注重品牌贡献度的价值评估方法	注重利益相关方评价的品牌价值评估方法	注重无形资产的品牌价值评估方法
模型维度	经济附加值、品牌作用力、品牌强度	品牌无形资产收益、品牌贡献、品牌乘数	品牌强度指数、品牌忠诚指数、品牌未来收入	营业收入、增长率、品牌附加值指数、品牌强度系数
品牌评价模型	品牌价值=经济附加值×品牌作用力指数×品牌强度系数	品牌价值=品牌无形资产收益×品牌贡献×品牌乘数	品牌价值=（品牌忠诚指数×品牌未来收入）的税后NPV	品牌价值=企业收益×品牌附加值指数×品牌强度乘数
数据源	（1）企业公开财务信息；（2）专业数据咨询公司数据；（3）消费者印象问卷调查数据	（1）企业财务数据；（2）Kantar数据库；（3）消费者问卷调查数据	（1）企业公开财务信息；（2）专业数据咨询公司数据；（3）消费者印象调查；（4）从在线许可协议数据库中获取许可相关数据	（1）企业近三年的财务数据；（2）企业各类市场数据；（3）自身构建的品牌数据库
主要特点	（1）品牌经营范围必须覆盖至少全球三大洲，必须广泛涉足新兴的发展中国家和地区；（2）必须有足够的公开财务信息；（3）必须长期盈利；（4）30%以上的收入必须来源于本国以外的地区	"品牌动力"研究法	品牌的特许费率	品牌附加值（BVA）

33

除注重无形资产的品牌价值评估方法之外，其余三种方法均以上市公司的品牌价值作为计算排名依据。量化品牌价值时，绝大多数重点考察了品牌对企业收益的贡献率以及品牌当前的优势和未来的潜力。综合对比四种主要的品牌价值评价方法，可以看出影响企业品牌价值评估的主要因素有以下四个方面：

一是品牌对企业收益的贡献率是影响品牌价值的首要因素。品牌价值评估一般以公开披露的财务数据为基础，从中剥离出品牌对企业收益的贡献率。一些机构还分析品牌对企业未来收益的影响，通过现金流量折现法将企业未来特定期间内由品牌带来的预期现金流量还原为当前现值，体现品牌对企业未来盈利能力的贡献率。**二是消费者的品牌忠诚度是影响品牌价值的重要外部因素**。品牌忠诚消费者体现了消费者为企业产品和服务支付更高价格的意愿，有助于提高品牌溢价能力，提升品牌价值。**三是品牌许可使用费是影响品牌价值的参考因素**。注重利益相关方评价的品牌价值评价方法主要依据品牌的许可使用费评估品牌价值，品牌许可使用费率由行业属性、行业的品牌许可使用费率及企业的盈利能力等多个因素决定。**四是品牌管理和维护是影响品牌价值的内在动因**。品牌的管理现状反映了品牌对企业未来收益的影响。在基于品牌商业价值的量化评估方法中，判断品牌强度的 10 个指标很大程度上体现了企业品牌的管理水平。企业管理表现好，对企业未来收益的贡献率也就越高，有利于企业品牌价值和品牌影响力的不断提升。

（本章撰写人：刘玉洁　审核人：傅成程）

3

能源电力央企品牌建设现状、价值分析与典型案例

3.1　能源电力央企品牌建设现状分析

根据国务院国资委发布的 2023 年度中央企业品牌建设对标结果，本报告对其中涉及的 15 家能源电力央企的品牌建设情况进行统计分析，包括中国核工业集团有限公司、国家电网有限公司、中国南方电网有限责任公司、中国华能集团有限公司、中国大唐集团有限公司、中国华电集团有限公司、国家电力投资集团有限公司、中国长江三峡集团有限公司、国家能源投资集团有限责任公司、哈尔滨电气集团有限公司、中国东方电气集团有限公司、中国电力建设集团有限公司、中国能源建设集团有限公司、中国广核集团有限公司、中国电气装备集团有限公司 15 家企业。从品牌战略、品牌管理、品牌国际化和组织保障四大方面梳理总结 2023 年度能源电力央企品牌建设的能力现状。

3.1.1　品牌战略层面现状

品牌战略反映了企业改善品牌培育绩效，制定总体发展规划和行动方案的能力，主要包含战略规划和战略执行两方面。2023 年，能源电力央企品牌战略规划能力持续强化，品牌战略不断上升到集团战略层面，愈发引起企业领导层重视，对总体战略引领力的拉动作用明显，但在品牌战略执行方面还有一定进步空间，尤其是对实施情况的监测和评估不足。各具体指标情况如下：

（一）企业品牌战略规划制定情况

15 家能源电力央企中，10 家企业根据品牌建设需要制定了企业专项品牌战略规划，占比 67%；4 家企业在企业总体战略规划中体现了品牌部分内容，占比 27%；1 家企业没有制定任何品牌建设相关的规划文件，占比 6%。企业品牌战略规划制定情况见图 3-1。

（二）企业专项品牌战略规划发布情况

15 家能源电力央企中，3 家企业将品牌战略规划或品牌工作指导文件经党

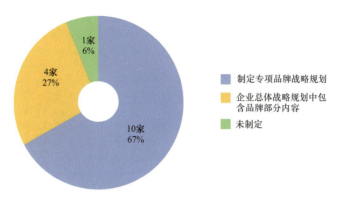

图 3-1　企业品牌战略规划制定情况

组（委）会/总经理办公会/品牌管理委员会/品牌领导小组会议审定后，以集团文件形式印发，占比 20%；2 家企业由集团领导审定签发，占比 13%；1 家企业由品牌部门负责人审定签发，占比 7%；9 家企业没有发布专项品牌战略规划或品牌工作指导文件，占比 60%。企业专项品牌战略规划发布情况见图 3-2。

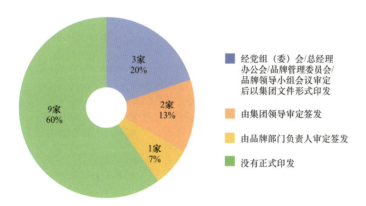

图 3-2　企业专项品牌战略规划发布情况

（三）企业品牌战略规划实施方案或推进计划制定与监测情况

15 家能源电力央企中，5 家企业制定了企业品牌战略规划实施方案或推进计划，并开展了月度或季度监测，占比 33%；7 家企业制定了企业品牌战略规划实施方案或推进计划，并开展了半年度或年度监测，占比 47%；2 家企业制定了企业品牌战略规划实施方案或推进计划，但暂未开展相关监测工作，占比 13%；1 家企业未制定相关的实施方案或推进计划，占比 7%。企业品牌战略规划实施方案或推进计划制定与监测情况见图 3-3。

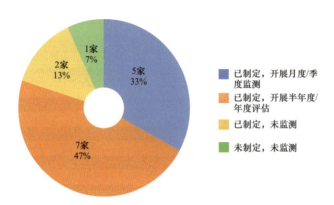

图 3-3　企业品牌战略规划实施方案或推进计划制定与监测情况

图例：
- 已制定，开展月度/季度监测
- 已制定，开展半年度/年度评估
- 已制定，未监测
- 未制定，未监测

（四）企业品牌战略规划或品牌工作指导文件实施效果评估情况

15 家能源电力央企中，5 家企业开展了月度或季度评估，占比 34%；8 家企业开展了半年度或年度评估，占比 53%；2 家企业暂未开展相关评估工作，占比 13%。企业品牌战略规划或品牌工作指导文件实施效果评估情况见图 3-4。

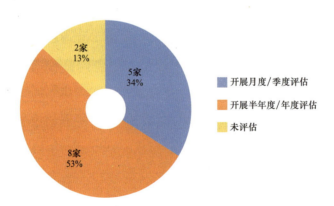

图 3-4　企业品牌战略规划或品牌工作指导文件实施效果评估情况

图例：
- 开展月度/季度评估
- 开展半年度/年度评估
- 未评估

（五）企业品牌战略沟通情况

15 家能源电力央企中，11 家企业面向内部员工开展了品牌战略沟通，占比 73%；9 家企业面向外部利益相关方进行了品牌战略沟通，占比 60%；3 家企业暂未开展相关品牌战略沟通工作，占比 20%。企业品牌战略沟通情况见图 3-5。

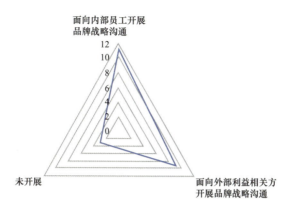

图 3-5　企业品牌战略沟通情况

3.1.2　品牌管理层面现状

品牌管理是企业通过明确职责、制定制度、实施考核的方式有效管控品牌建设工作，并对品牌辨识、品牌传播、品牌保护等方面进行专业化管理。2023年，能源电力央企不断加大资源投入，品牌管理专业化水平显著提升，品牌识别体系建设和商标、知识产权保护方面取得积极成效，品牌传播持续加强。但在品牌资产梳理和评估方面还有待加强。各具体指标情况如下：

（一）企业品牌管理制度制定情况

15 家能源电力央企中，全部企业都制定了品牌管理制度。其中，12 家企业制定了覆盖品牌管理全过程的统一的管理制度，占比 80%；3 家企业制定了覆盖品牌管理部分过程的统一的管理制度，占比 20%。企业品牌管理制度制定情况见图 3-6。

（二）企业品牌管理制度发布情况

15 家能源电力央企中，11 家企业的品牌管理制度经党组（委）会/总经理办公会/品牌管理委员会/品牌领导小组会议审定后以集团文件形式印发，占比 74%；2 家企业的品牌管理制度由集团领导审定签发，占比 13%；2 家企业没有正式印发企业品牌管理制度，占比为 13%。企业品牌管理制度发布情况见图 3-7。

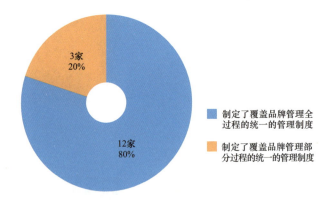

图 3-6　企业品牌管理制度制定情况

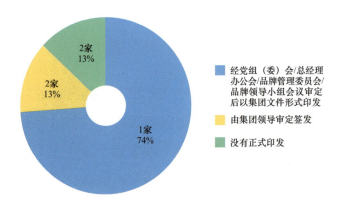

图 3-7　企业品牌管理制度发布情况

（三）品牌理念体系：企业理念识别（MI）、视觉识别（VI）、行为识别（BI）体系建立和发布情况

15 家能源电力央企中，所有企业都已构建品牌理念体系。其中，12 家企业建立并发布了 3 个识别体系，占比 80%；2 家企业建立并发布了 2 个识别体系，占比 13%；1 家企业建立并发布了 1 个识别体系，占比 7%。企业品牌理念体系建立和发布情况见图 3-8。

（四）企业年度品牌传播专项方案制定和传播效果评估情况

15 家能源电力央企中，9 家已制定年度品牌传播专项方案，并开展月度/季度评估，占比 60%；4 家已制定年度品牌传播专项方案，并开展半年度/年度评估，占比 27%；1 家已制定年度品牌传播专项方案，但未开展评估；1 家未制定

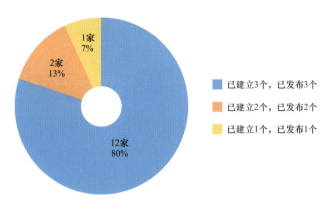

图 3-8　企业品牌理念体系建立和发布情况

相关方案，但开展了半年度/年度评估。企业年度品牌传播专项方案制定和传播效果评估情况见图 3-9。

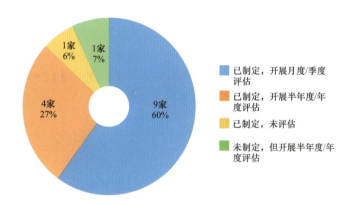

图 3-9　企业年度品牌传播专项方案制定和传播效果评估情况

（五）企业结合中国品牌日（5 月 10 日）等重大活动、重要节点开展品牌活动情况

15 家能源电力央企中，12 家企业结合中国品牌日等重大活动开展了有关品牌活动，占比 80%；3 家企业暂未开展相关品牌活动，占比 20%。企业开展品牌活动情况见图 3-10。

（六）企业品牌资产目录梳理情况

15 家能源电力央企中，10 家企业制定了系统品牌资产目录，占比 67%；2 家企业制定了部分品牌资产目录，占比 13%；3 家企业暂未制定品牌资产目录，占比 20%。企业品牌资产目录梳理情况见图 3-11。

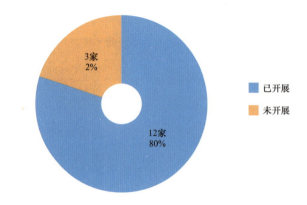

图 3-10　企业开展品牌活动情况

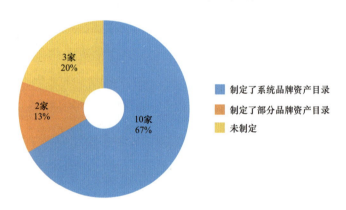

图 3-11　企业品牌资产目录梳理情况

（七）企业品牌资产评估情况

15 家能源电力央企中，仅 4 家企业开展了品牌资产评估，占比 27%；11 家企业暂未开展品牌资产评估工作，占比高达 73%。企业品牌资产评估情况见图 3-12。

（八）企业品牌架构管理办法制定发布情况

15 家能源电力央企中，11 家企业制定了品牌架构管理办法并发布，占比 74%；2 家企业制定了品牌架构管理办法但暂未发布，占比 13%；2 家企业暂未制定企业品牌架构管理办法，占比 13%。企业品牌架构管理办法制定发布情况见图 3-13。

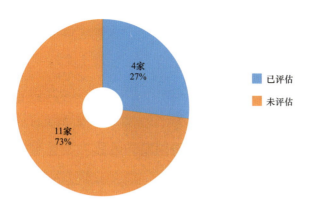

图 3-12 企业品牌资产评估情况

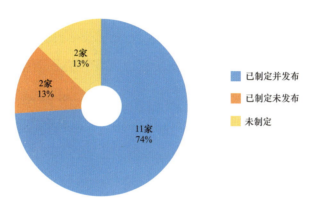

图 3-13 企业品牌架构管理办法制定发布情况

（九）企业品牌授权使用管理办法的制定发布情况

15 家能源电力央企中，11 家企业制定了品牌授权使用管理办法并发布，占比 74%；3 家企业制定了品牌授权使用管理办法但暂未发布，占比 20%；1 家企业暂未制定企业品牌授权使用管理办法，占比 7%。企业品牌授权使用管理办法的制定发布情况见图 3-14。

（十）企业子品牌创建策略制定情况

15 家能源电力央企中，10 家企业制定了子品牌创建策略，占比 67%；5 家企业暂未制定子品牌创建策略，占比 33%。企业子品牌创建策略制定情况见图 3-15。

（十一）企业商标、字号保护机制建设情况

15 家能源电力央企中，全部企业都制定了商标、字号保护管理制度。其中，

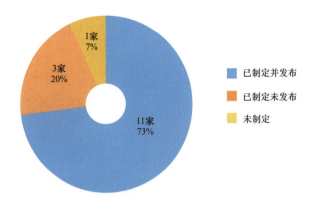

图 3-14　企业品牌授权使用管理办法的制定发布情况

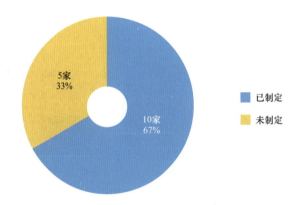

图 3-15　企业子品牌创建策略制定情况

11 家企业建立了常态化的侵权监测机制，占比 73%。企业商标、字号保护机制建设情况见图 3-16。

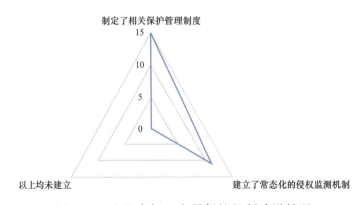

图 3-16　企业商标、字号保护机制建设情况

（十二）企业品牌危机管理制度制定发布情况

15 家能源电力央企中，13 家企业制定并发布了品牌危机管理制度，占比 87%；2 家企业制定了品牌危机管理制度但暂未发布，占比 13%。企业品牌危机管理制度制定发布情况见图 3-17。

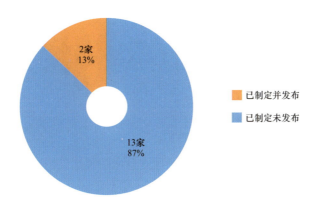

图 3-17　企业品牌危机管理制度制定发布情况

（十三）企业商标注册情况

15 家能源电力央企中，10 家企业在境内和境外均完成商标注册，占比 67%；5 家企业仅在境内完成注册，占比 33%。企业商标注册情况见图 3-18。

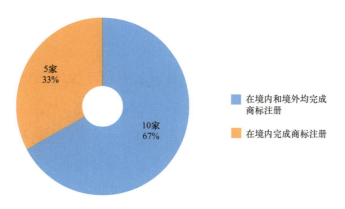

图 3-18　企业商标注册情况

（十四）企业品牌管理信息化系统建设情况

15 家能源电力央企中，8 家企业搭建了企业品牌管理信息化系统，占比

53%；7 家企业暂未搭建，占比 47%。企业品牌管理信息化系统建设情况见图 3-19。

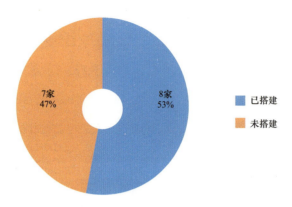

图 3-19　企业品牌管理信息化系统建设情况

3.1.3　品牌国际化层面现状

品牌国际化反映了企业在参与国际市场竞争中品牌的规划能力和国际传播能力。2023 年，能源电力央企聚焦全球视野，加快走出去步伐，重视国际运营和传播，在海外布局和海外交流推广方面进步明显。各具体指标情况如下：

（一）企业品牌国际化战略制定情况

15 家能源电力央企中，3 家企业制定了专项品牌国际化战略规划，占比20%；2 家企业制定了专项品牌国际化指导文件，占比 14%；3 家企业将品牌国际化战略纳入企业整体品牌战略规划，占比 20%；5 家企业将品牌国际化战略纳入企业整体国际化发展规划，占比 33%；2 家企业暂未制定品牌国际化战略，占比 13%。企业品牌国际化战略制定情况见图 3-20。

（二）企业品牌海外布局情况

15 家能源电力央企中，13 家企业在 3 个及以上大洲进行了市场布局，占比87%；1 家企业在 2 个大洲进行了市场布局，占比 6%；1 家企业在 1 个大洲进行了市场布局，占比 7%。企业品牌海外布局情况见图 3-21。

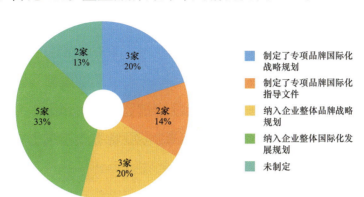

图 3-20　企业品牌国际化战略制定情况

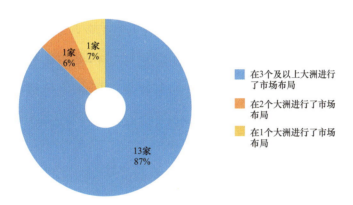

图 3-21　企业品牌海外布局情况

（三）企业海外商标注册情况

15 家能源电力央企中，5 家企业在所有已开展经营业务的海外市场都注册了商标，占比 33%；5 家企业在部分已开展经营业务的海外市场注册了商标，占比 33%；3 家企业在所有未开展经营业务的海外目标市场都注册了商标，占比 20%；2 家企业在部分未开展经营业务的海外目标市场注册了商标，占比 13%；5 家企业暂未在海外注册商标，占比 33%。企业海外商标注册情况见图 3-22。

（四）企业海外社交媒体建立和品牌国际化传播方案制定情况

15 家能源电力央企中，全部企业都建立了海外社交媒体账号，并定期发布

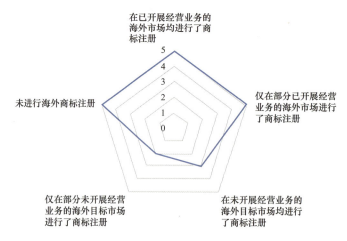

图 3-22　企业海外商标注册情况

推广内容。在品牌国际化传播方案制定方面，13 家企业制定了专项品牌国际化传播方案，占比 87%；2 家企业将企业品牌国际化传播方案作为部分内容纳入了企业整体品牌传播方案，占比 13%。企业品牌国际化传播方案制定情况见图 3-23。

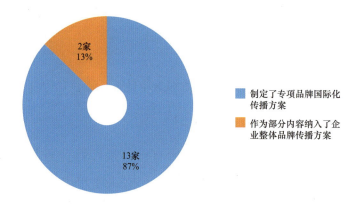

图 3-23　企业品牌国际化传播方案制定情况

（五）企业海外交流推广平台建设情况

15 家能源电力央企中，全部企业都参与了国际重大交流推广活动，并开展了社区公益活动；14 家企业与当地富有影响力的 NGO 组织开展沟通交流。企业海外交流推广平台建设情况见图 3-24。

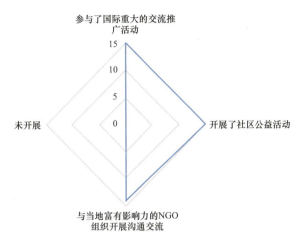

图 3-24 企业海外交流推广平台建设情况

3.1.4 组织保障层面现状

组织保障是企业自上而下，通过各项投入为品牌建设工作提供良好实施条件以及全方位的支持，保障企业品牌建设扎实、有效推进。2023 年，能源电力央企组织保障对品牌建设的支撑力度进一步加强，重视品牌相关会议和培训，完善对品牌专业人才的引进和激励机制。各具体指标情况如下：

（一）企业品牌管理委员会/品牌领导小组/品牌引领行动领导小组设立及会议情况

15 家能源电力央企中，全部企业都设立了品牌管理委员会/品牌领导小组/品牌引领行动领导小组，并由主要负责人担任主任/组长。在年度会议方面，7 家企业召开了 2 次及以上品牌管理委员会议/品牌领导小组/品牌引领行动领导小组会议，占比 47%；4 家企业召开了 1 次，占比 26%；4 家企业未召开过，占比 27%。企业品牌管理委员会/品牌领导小组/品牌引领行动领导小组设立及会议情况见图 3-25。

（二）企业领导班子会议（含党组会、党委会、总经理办公会等）年度听取品牌专题工作汇报的次数情况

15 家能源电力央企中，8 家企业的领导班子会议听取了 2 次及以上年度品

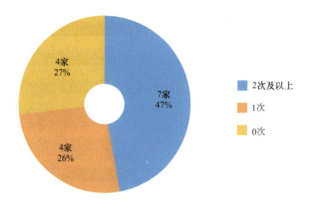

图 3-25　企业品牌管理委员会/品牌领导小组/品牌引领行动领导小组设立及会议情况

牌专题工作汇报，占比 54%；5 家企业的领导班子会议听取了 1 次年度品牌专题工作汇报，占比 33%；2 家企业的领导班子会议未听取过年度品牌专题工作汇报，占比 13%。企业领导班子会议年度听取品牌专题工作汇报的次数情况见图 3-26。

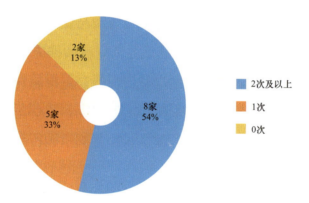

图 3-26　企业领导班子会议年度听取品牌专题工作汇报的次数情况

（三）企业年度召开全集团范围品牌相关会议情况

15 家能源电力央企中，7 家企业召开了品牌专题会议，占比 47%；3 家企业召开了品牌引领行动推进会，占比 20%；5 家企业暂未召开相关会议，占比 33%。企业年度召开全集团范围品牌相关会议情况见图 3-27。

（四）企业年度开展全集团范围品牌相关培训情况

15 家能源电力央企中，11 家企业开展了品牌专题培训，占比 73%；2 家企业与其他业务合并开展培训，培训名称含"品牌"，占比 13%；1 家企业培训内

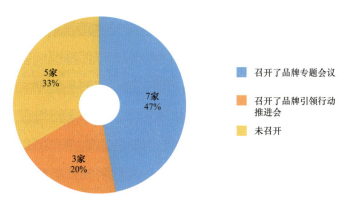

图 3-27　企业年度召开全集团范围品牌相关会议情况

容涉及品牌工作，培训名称不含"品牌"，占比 7%；1 家企业暂未开展品牌相关培训，占比 7%。企业年度开展全集团范围品牌相关培训情况见图 3-28。

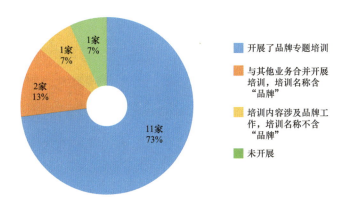

图 3-28　企业年度开展全集团范围品牌相关培训情况

（五）企业负责同志参加外部品牌活动情况

15 家能源电力央企中，10 家企业负责同志参加过由国家有关部委主办或指导召开的全国性品牌活动，占比 67%；1 家企业负责同志参加过由省级政府主办或指导召开的区域性品牌活动，占比为 6%；4 家企业负责同志未参加过外部品牌活动，占比 27%。企业负责同志参加外部品牌活动情况见图 3-29。

（六）企业品牌管理机构设置情况

15 家能源电力央企中，6 家企业设置了品牌管理一级部门，名称中含"品牌"占比 40%；8 家企业设置品牌管理二级部门或相关处室，名称中含"品牌"

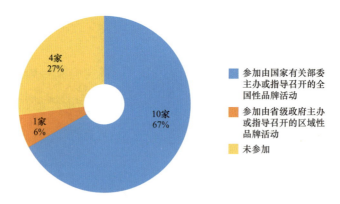

图 3-29　企业负责同志参加外部品牌活动情况

占比 53%；1 家企业设置品牌管理专职岗位，占比 7%。企业品牌管理机构设置情况见图 3-30。

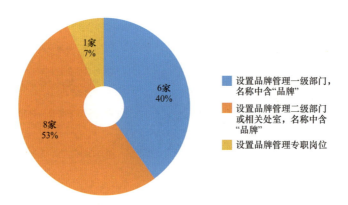

图 3-30　企业品牌管理机构设置情况

（七）企业品牌管理人才队伍建设情况

15 家能源电力央企中，10 家企业建立了品牌专业人才的引进机制，占比 67%；10 家企业建立了品牌专业人才的激励约束机制，占比 67%；14 家企业制定了品牌专业人才定期培训机制，占比 93%。企业品牌管理人才队伍建设情况见图 3-31。

（八）品牌工作纳入所属企业年度经营业绩考核情况

15 家能源电力央企中，12 家企业将品牌工作纳入所属企业年度经营业绩考核，占比 80%；3 家企业未将品牌工作纳入所属企业年度经营业绩考核，占比 20%。品牌工作纳入所属企业年度经营业绩考核情况见图 3-32。

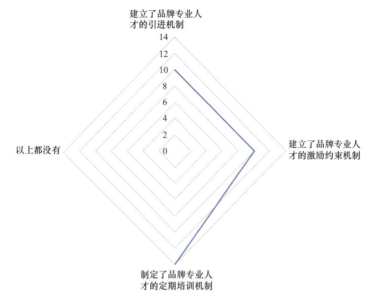

图 3-31　企业品牌管理人才队伍建设情况

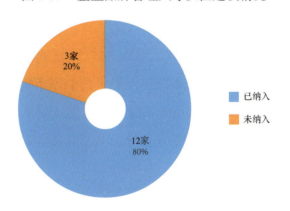

图 3-32　品牌工作纳入所属企业年度经营业绩考核情况

（九）其他品牌工作组织保障情况

在企业年度品牌工作投入方面，15 家能源电力央企均将品牌投入纳入企业年度预算；在企业各类品牌建设典型经验做法总结推广方面，15 家能源电力央企均已开展了各类品牌建设典型经验做法总结推广活动；在牵头承担国务院国资委部署的专项工作方面，仅有 1 家企业牵头承担过，14 家企业均未牵头承担过；15 家能源电力央企均按照国务院国资委有关要求，按时按质完成品牌相关工作。

3.2 基于国际知名榜单的能源电力央企品牌价值分析

3.2.1 国际知名榜单中能源电力央企品牌价值总体情况分析

国外对品牌价值的研究始于 20 世纪 70 年代，基于经济全球化的发展背景，跨国公司开始大量收购已有著名品牌，随之引发了关于品牌价值和价值评价的讨论研究。当前，国际上较为权威的品牌价值榜单主要有《世界品牌 500 强》《全球品牌价值 500 强》《全球最佳品牌排行榜》《全球最具价值品牌百强榜》四家。

《世界品牌 500 强》榜单由 World Brand Lab 发布，该机构 2003 年成立于美国纽约，由诺贝尔经济学奖得主、"欧元之父"罗伯特·蒙代尔教授倡议创建并担任首任主席。作为一家奉行"独立公正"原则的权威品牌评审机构和国际化的品牌价值研究机构，World Brand Lab 长期深耕中国市场，主要致力于品牌评估以及行销策略相关的咨询。自 2004 年起 World Brand Lab 开始发布年度《世界品牌 500 强》及《中国 500 最具价值品牌》。World Brand Lab 多次获得 CCTV、人民日报等主流媒体背书，受到多地地方政府认可，对当地企业参评上榜给予政策扶持与激励。

《全球品牌价值 500 强》由 Brand Finance 发布。该机构成立于 1966 年，是位于英国的国际品牌价值评估权威机构，致力于构建品牌和财务间的桥梁，通过量化品牌资产和品牌价值，实现与商业组织核心财务价值的连接。Brand Finance 是全球唯一一家受监管的会计师机构，同时也是品牌价值评估国际标准 ISO 10668 和 ISO 20671 的核心撰写者，拥有以品牌财务数据和专家访谈数据为主的品牌资产数据库，覆盖国家和行业品牌最为全面。从 2007 年开始，Brand Finance 每年发布《全球品牌价值 500 强》，2010 年针对中国市场，开始发布《中国品牌价值 100 强》，并于 2018 年开始扩大为《中国品牌价值 500 强》。

2020 年起，Brand Finance 受世界知识产权组织之邀，在每年的《全球创新指数》中与国际货币基金组织及世界银行一道，为该指数提供全球品牌资产的完整数据。

《全球最佳品牌排行榜》由 Interbrand 发布。该机构始创于 1974 年，是全球最大的综合性品牌战略管理咨询公司，隶属于宏盟品牌咨询集团，在全球 14 个国家拥有 18 家办事处。Interbrand 一直在业务、管理和学术领域持续推进品牌价值评估的方法和实践，其创立的经济附加值法（Economic Value Added）被业界公认为一个具有特殊战略管理价值的工具。Interbrand 从 2000 年开始每年发布《全球最佳品牌排行榜》，从 2009 年开始发布《中国最佳品牌排行榜》。Interbrand 受到学界高度关注，在全球范围影响力较高，也深受商界、金融界认可。

《全球最具价值品牌百强榜》由 BrandZ 发布。该机构创建于 1998 年，是由 WPP 旗下权威调研公司 Millward Brown 建立的品牌资产数据库。该数据库收录 5 万多个各国知名品牌，品牌信息主要通过在线访问和面谈 30 多个国家的 200 多万消费者获得，并且每年定期更新，是世界上最大的消费者品牌数据库。BrandZ 自 2006 年起，连续发布《全球最具价值品牌百强榜》，从 2010 年起，发布《最具价值中国品牌榜》。BrandZ 每年在纳斯达克、纽约交易所、伦敦交易所发布，其发布的品牌价值数据被投行、彭博新闻社、金融时报等机构广泛采用。

通过梳理国际四大知名榜单，考虑到我国能源电力央企的经营范围与相关经营数据的公开程度，并根据我国能源电力央企提供产品的特殊性与其在能源电力行业竞争市场中的垄断性，World Brand Lab 和 Brand Finance 两个机构发布的品牌价值榜单更能全面、客观、准确地反映我国能源电力央企的品牌建设情况与品牌价值表现。因此，本报告主要分析我国能源电力央企品牌价值在 World Brand Lab 和 Brand Finance 两个机构发布的评价榜单中的具体表现与发展趋势。

（一）基于 World Brand Lab 的能源电力央企品牌价值分析

1.《世界品牌 500 强》榜单分析

World Brand Lab 发布的 2023 年（第二十届）《世界品牌 500 强》排行榜于 2023 年 12 月 13 日在美国纽约揭晓。

中国品牌上榜数量首次超越日本，跃居全球第三，我国积极建设品牌强国的成效凸显。基于对 World Brand Lab 2023 年《世界品牌 500 强》的分析可见，美国有 193 个品牌上榜 500 强榜单，位居品牌大国第一名。法国（近三年上榜品牌数量依次为 48、47 和 49，呈波动趋势）、中国（近三年上榜品牌数量依次为 44、45 和 48，呈稳步上升趋势）、日本（近三年上榜品牌数量依次为 46、46 和 43，呈下降趋势）和英国（近三年上榜品牌数量依次为 37、35 和 34，呈下降趋势）为世界品牌大国的第二阵营。2023 年，中国入选《世界品牌 500 强》榜单的品牌有 48 个，首次超过日本（43 个），在全球品牌榜中排名第三位。其中，国家电网、腾讯、海尔、华为、华润、中国人寿、五粮液、中国南方电网、青岛啤酒、中化、恒力、徐工、盛虹、国贸控股等中国品牌表现亮眼，具有较强的品牌世界影响力。

典型能源电力央企品牌影响力较强，但上榜品牌数量整体较少。国家电网位居 World Brand Lab 2023 年《世界品牌 500 强》榜单中国上榜品牌的首位（世界排名 20），排名优于其他能源央企品牌，如中国石油（国内排名 12，世界排名 124）、中国石化（国内排名 14，世界排名 133）、中化（国内排名 28，世界排名 307）等。中国南方电网位于榜单中国上榜品牌的第 21 名（世界排名 229），成为仅次于国家电网的能源电力央企品牌，也表现出了较强的品牌价值。中国华电作为中国六个新上榜品牌之一，首次跻身世界品牌 500 强，位于第 398 名。然而，仅有 3 家能源电力央企品牌上榜 World Brand Lab 2023 年《世界品牌 500 强》，品牌上榜数量低于金融行业（7 个品牌上榜，如中国工商银行、中国人寿等）、计算机与通信电信行业（6 个品牌上榜，如中国移动、中国电信、华为、台积电等）、互联网信息服务行业（4 个品牌上榜，如腾讯、阿里巴巴等），能源电力央企品牌的整体影响力有待进一步增强。2023 年中国企业品牌价值表现见表 3-1。

表 3-1　　　　　　　　　2023 年中国企业品牌价值表现

序号	世界排名	品牌名称	序号	全球排名	品牌名称
1	20	国家电网	25	286	青岛啤酒
2	34	腾讯	26	292	中国海油
3	35	海尔	27	297	中信集团
4	36	中国工商银行	28	307	中化
5	55	华为	29	309	百度
6	61	中央电视台	30	323	中国建筑
7	62	华润	31	325	保利
8	86	中国移动	32	332	中国农业银行
9	89	中国人寿	33	334	宝武
10	99	台积电	34	339	人民日报
11	120	阿里巴巴	35	342	抖音
12	124	中国石油	36	359	新华社
13	126	联想	37	366	恒力
14	133	中国石化	38	379	友邦保险
15	143	中国平安	39	382	徐工
16	193	中粮	40	383	盛虹
17	205	中国建设银行	41	392	小米
18	206	中国银行	42	396	国贸控股
19	225	茅台	43	398	中国华电
20	227	五粮液	44	399	北大荒
21	229	中国南方电网	45	422	魏桥
22	240	中国电信	46	439	通威
23	283	中国国航	47	446	中国航油
24	285	长虹	48	462	波司登

数据来源：World Brand Lab 发布的 2023 年《世界品牌 500 强》。

注　表格中加粗标注的为能源电力央企。

2.《中国 500 最具价值品牌》榜单分析

面向中国市场，World Brand Lab 在第二十一届世界品牌大会（于 2024 年 6 月 19 日在北京举行）发布了 2024 年《中国 500 最具价值品牌》分析报告。2024 年《中国 500 最具价值品牌》的总价值为 38.57 万亿元，比上年增加 4.24 万亿元，增幅为 12.35%。World Brand Lab 已连续 21 年编制中国品牌报告，2004 年入选门槛仅为 5 亿元，前 500 名品牌的平均价值为 49.43 亿元。2024 年，入选门槛已经提高到 38.26 亿元，而前 500 名品牌的平均价值高达 771.40 亿元，增幅为 1460.59%。2024 年度共有 108 个中国品牌的价值超过 1000 亿元，比上年增加 36 个，这充分彰显了中国品牌经济的繁荣发展和中国品牌价值的大幅度提升。

我国仅有 1/3 的能源电力央企上榜，上榜企业的品牌价值仅占榜单总价值的 3%。据 2024 年《中国 500 最具价值品牌》榜单显示，仅有 5 个能源电力央企品牌入选中国品牌价值 500 强，分别是国家电网有限公司的"国家电网"、中国南方电网有限责任公司的"中国南方电网"、中国华电集团有限公司的"中国华电"、中国东方电气集团有限公司的"东方电气"和中国长江三峡集团有限公司的"长江电力"。其他能源电力央企品牌暂未上榜，这可能与相关企业的业务布局与经营范围有关。我国能源电力央企需继续挖掘自身产品优势、技术优势、服务优势，将品牌建设与企业经营管理活动进行有机融合，讲好品牌故事，打造独特品牌元素，树立良好品牌形象，持续提升品牌价值与品牌影响力。此外，5 个上榜的能源电力央企品牌价值总量约为 1.22 万亿元，仅占 2024 年《中国 500 最具价值品牌》总价值（约 38.57 万亿元）的 3.16%。

能源电力央企间的品牌价值存在较为明显的落差。World Brand Lab 对品牌价值的定量测算充分考虑到了企业品牌自身的经营状况（包括营业收入、增长率等）和品牌为企业带来的收益（品牌附加值指数以及品牌强度系数）。2024 年，国家电网以 6538.86 亿元的品牌价值，荣登本年度中国最具价值品牌榜首，这充分体现了国家电网作为我国能源电力央企的主力军的行业地位与品牌竞争力。

中国南方电网和中国华电分别以 2605.91 亿元、1786.72 亿元的品牌价值，排在了能源电力央企的第二名和第三名。东方电气和长江电力虽位列中国最具价值品牌 500 强，但其品牌价值不足千亿元（分别为 821.36 亿元和 408.32 亿元），与已经迈进世界级品牌阵营的优质品牌相差较大，体现了能源电力央企品牌价值参差不齐的特点。2024 年中国能源电力央企品牌价值表现见表 3-2。

表 3-2　　　　　　　　2024 年中国能源电力央企品牌价值表现

序号	国内排名	品牌名称	品牌所属机构
1	1	国家电网	国家电网有限公司
2	24	中国南方电网	中国南方电网有限责任公司
3	52	中国华电	中国华电集团有限公司
4	139	东方电气	中国东方电气集团有限公司
5	264	长江电力	中国长江三峡集团有限公司

数据来源：World Brand Lab 发布的 2024 年《中国 500 最具价值品牌》。

（二）基于 Brand Finance 的能源电力央企品牌价值分析

1.《全球品牌价值 500 强》榜单分析

Brand Finance 每年会对全球规模前 5000 的品牌进行估值，并发布 100 多份报告，对各行业和各国家、地区的品牌进行排名。其中，最重要的报告是该机构每年年初发布的《全球品牌价值 500 强》。2024 年 2 月，Brand Finance 发布 2024 年《全球品牌价值 500 强》榜单，抖音（TikTok）进入前十，并成为中国排名最高的品牌。中国的银行品牌继续占据全球最具价值银行品牌排行榜前四位。

中国上榜品牌数量位居世界第二，展现了中国品牌价值的综合实力与全球竞争力。基于对 Brand Finance 2024 年《全球品牌价值 500 强》的分析可见，品牌上榜数量位于前九名的国家依次为美国、中国、德国、日本、法国、英国、韩国、加拿大和印度。中国品牌上榜数量位居第二名，仅次于美国，展现出了中国企业在国际市场上的强劲竞争力和品牌影响力。

能源电力央企品牌价值在全球范围内表现欠佳。能源电力央企品牌位于全球品牌价值 500 强的仅有国家电网（第 12 名）、中国能建（第 192 名）和中国电建（第 212 名）。能源电力央企品牌价值远低于其他行业，例如金融行业（上榜品牌包括中国工商银行、中国建设银行、中国农业银行、中国银行、中国平安、中国人寿等）、互联网信息服务行业（上榜品牌包括抖音、微信、腾讯、淘宝、天猫、京东、网易等）、消费品行业（上榜品牌包括贵州茅台、五粮液、伊利、农夫山泉等），以及其他能源类行业（上榜品牌包括中国石油、中国石化等）。2024 年中国企业品牌价值表现见表 3-3。

表 3-3　　　　　　　　2024 年中国企业品牌价值表现

序号	全球排名	品牌名称	序号	全球排名	品牌名称
1	7	抖音	17	75	五粮液
2	10	中国工商银行	18	78	台积电
3	12	国家电网	19	96	淘宝网
4	14	中国建设银行	20	99	宁德时代
5	16	中国农业银行	21	103	天猫
6	22	中国银行	22	106	中国邮政储蓄银行
7	24	贵州茅台	23	107	交通银行
8	31	中国平安	24	109	中国人寿
9	32	中国移动	25	111	京东
10	34	微信	26	112	中国中铁
11	43	腾讯	27	113	中国铁建
12	55	华为	28	126	中国太平洋保险
13	61	中国建筑	29	146	中国电信
14	66	中国石油	30	157	中信银行
15	67	中国石化	31	160	中国人民保险
16	70	招商银行	32	161	友邦保险

续表

序号	全球排名	品牌名称	序号	全球排名	品牌名称
33	162	网易	53	313	汾酒
34	172	比亚迪	54	346	海尔
35	179	伊利	55	355	中国保利集团
36	192	中国能建	56	358	洋河股份
37	199	兴业银行	57	360	小米
38	205	万科	58	391	格力
39	210	保诚保险	59	396	顺丰速运
40	212	中国电建	60	398	中国冶金科工
41	219	浦发银行	61	407	碧桂园
42	236	美的	62	411	中国中车
43	238	中国建材	63	416	联想
44	255	中国光大银行	64	424	中国海洋石油
45	258	美团	65	427	中国邮政
46	266	农夫山泉	66	438	蒙牛
47	270	泸州老窖	67	461	中国海外发展有限公司
48	283	阿里巴巴	68	482	海康威视
49	293	中国民生银行	69	484	周大福
50	294	拼多多	70	489	江苏银行
51	299	中国交通建设	71	490	国泰人寿
52	311	华润置地	72	496	华夏银行

数据来源：Brand Finance 发布的 2024 年《全球品牌价值 500 强》。

注 表格中加粗标注的为能源电力央企。

尽管中国企业品牌在全球品牌价值排行榜上表现强劲，但仍面临来自国际市场的激烈竞争和潜在挑战。随着百年未有之大变局趋势的不断演进以及国际政治经济环境的日益动荡，中国企业需不断创新和调整品牌发展战略，尤其是能源电力央企需进一步明确品牌定位，寻找差异化品牌优势，聚焦清洁能源、智能电网、储能技术等前沿领域，不断推出具有自主知识产权的新产品、新技术，提升品牌技术含量和附加值，推动能源电力品牌在全球市场中占据领先地位，从而在全球范围内提升能源电力央企的品牌价值与品牌影响力。

2. 《中国品牌价值 500 强》榜单分析

Brand Finance 针对中国市场，于 2024 年 5 月 9 日发布《中国品牌价值 500 强》年度报告。

能源电力央企品牌价值在国内范围表现较好。基于对 Brand Finance 2024 年《中国品牌价值 500 强》的分析可见，国内绝大部分能源电力央企品牌均上榜中国品牌价值 500 强榜单。其中，国家电网以第 7 名的国内排名位居榜首，显示出其在能源电力领域的强大品牌影响力和市场优势地位。中国能建和中国电建分别位列国内第 36 名和第 40 名，作为两大电力建设领域的央企，它们在国内外市场上具有较高的知名度和市场份额，品牌价值得到社会各界认可。国内其他能源电力央企品牌（如国电电力发展、华能国际电力、中核集团、中广核、长江电力等）虽然排名相对靠后，但均进入前 500 强，显示出这些企业在能源电力行业的重要性和品牌价值。

能源电力央企品牌价值表现具有显著的差异性与独特性。第一，上榜 Brand **Finance 2024 年《中国品牌价值 500 强》的 12 家能源电力央企的排名相差较大**。排名分布于第 7 名至第 342 名之间，其中，国家电网品牌价值位于国内第 7 名，中国电力国际发展品牌价值位于国内第 342 名。**第二，不同能源电力央企具备独特的品牌战略与品牌发展布局**。例如，"国家电网"作为国家电网有限公司的主品牌（母品牌）表现出了强劲的品牌价值。再如，国家能源投资集团有限责任公司旗下的两个子品牌（"国电电力发展"和"龙源电力"）均上榜，反映出了该集团在能源电力领域的多元化业务布局和强大的品牌矩阵。**第三，能源电力央企国际化品牌发展战略取得了显著成效**。中国华能集团有限公司的"华能国际电力"、中国大唐集团有限公司的"大唐国际发电"、中国华电集团有限公司的"华电国际电力"以及国家电力投资集团有限公司的"中国电力国际发展"均发展成为价值较高的国际化品牌。2024 年中国能源电力央企品牌价值表现见表 3-4。

表 3-4　　　　　　　　2024 年中国能源电力央企品牌价值表现

序号	国内排名	品牌名称	品牌所属机构
1	7	国家电网	国家电网有限公司
2	36	中国能建	中国能源建设集团有限公司
3	40	中国电建	中国电力建设集团有限公司
4	92	国电电力发展	国家能源投资集团有限责任公司
5	107	华能国际电力	中国华能集团有限公司
6	109	中核集团	中国核工业集团有限公司
7	197	中广核	中国广核集团有限公司
8	213	龙源电力	国家能源投资集团有限责任公司
9	222	大唐国际发电	中国大唐集团有限公司
10	243	长江电力	中国长江三峡集团有限公司
11	284	华电国际电力	中国华电集团有限公司
12	298	东方电气	中国东方电气集团有限公司
13	342	中国电力国际发展	国家电力投资集团有限公司

数据来源：Brand Finance 发布的 2024 年《中国品牌价值 500 强》。

3.2.2　近五年来能源电力央企的品牌价值发展趋势

（一）近五年，能源电力央企上榜品牌数量稳中有进，品牌价值呈现上涨趋势，品牌建设意识不断提升

我国能源电力央企共 15 家，近五年来每年有 2～3 家能源电力央企进入国际知名品牌榜单，上榜数量保持了稳中有进。其中，在 Brand Finance 发布的《全球品牌价值 500 强》排行榜中，国家电网有限公司和中国电力建设集团有限公司自 2020 年到 2024 年连续五年均登上榜单，中国能源建设集团有限公司于 2023 年到 2024 年连续两年登上榜单。在 World Brand Lab 发布的《世界品牌 500强》排行榜中，国家电网有限公司和中国南方电网有限责任公司自 2019 年

到 2023 年连续五年均登上榜单，中国华电集团有限公司于 2023 年登上榜单。以上两个榜单中，能源电力央企品牌价值呈上涨趋势，以国家电网有限公司为例，其在 World Brand Lab 榜单中连续五年位列中国央企品牌价值第一名；在 Brand Finance 榜单中排名逐年上升，2024 年排在中国央企中第二位，仅次于中国工商银行有限公司，品牌价值上涨 21%。综合来看，能源电力央企品牌建设意识不断增强，品牌价值稳步提升，见表 3-5、表 3-6。

表 3-5　　　　近五年国际知名品牌榜单中能源电力央企上榜情况

机构名称	Brand Finance			World Brand Lab		
榜单名称	《全球品牌价值 500 强》排行榜			《世界品牌 500 强》排行榜		
年份	能源电力央企	央企	中国企业	年份	能源电力央企	央企	中国企业
2020	2	24	76	2019	2	22	40
2021	2	24	77	2020	2	21	43
2022	2	24	84	2021	2	19	44
2023	3	24	79	2022	2	18	45
2024	3	24	72	2023	3	18	48

表 3-6　　　　近五年国际知名品牌榜单中能源电力央企排名情况

机构名称	Brand Finance			World Brand Lab		
榜单名称	《全球品牌价值 500 强》排行榜			《世界品牌 500 强》排行榜		
年份	国家电网	中国电建	中国能建	年份	国家电网	南方电网	中国华电
2020	16	249	—	2019	28	293	—
2021	16	219	—	2020	25	278	—
2022	16	217	—	2021	23	258	—
2023	15	176	224	2022	22	248	—
2024	12	212	192	2023	20	229	398

（二）相较于《财富》500 世界强的上榜情况，能源电力央企品牌"大而不强"的情况依然存在

在 2024 年发布的《财富》世界 500 强企业榜单中，有 128 家中国企业进入

64

榜单，其中能源电力央企有 10 家，占到全部能源电力央企的 66.7%，分别是国家电网有限公司、中国南方电网有限责任公司、国家能源投资集团有限公司、中国电力建设集团公司有限公司、中国华能集团有限公司、中国能源建设集团有限公司、国家电力投资集团有限公司、中国华电集团有限公司、中国核工业集团有限公司、中国大唐集团有限公司。能源电力央企在《财富》世界 500 强企业榜单中表现亮眼，反映了能源电力央企在国内市场的重要地位，也显示了它们在全球能源市场中的影响力，发挥了能源电力央企引领带动作用。但在国际知名品牌榜单中，能源电力央企尚未形成持续稳定的领先品牌梯队，仅有 2～3 家企业进入国际知名品牌榜单，且在 BrandZ 和 Interbrand 榜单中均未上榜，反映出能源电力央企"大而不强"的品牌建设现状，品牌价值有待进一步挖掘和提升。

（三）能源电力央企由于能源的特殊性以及电力的弱感知性，品牌建设在国际层面面临的不确定性因素将进一步增加

国际因素对于能源电力央企品牌建设的影响程度不断加大。随着国际市场竞争日益激烈，许多国家的能源企业在技术、服务和品牌建设方面不断提升，形成了强大的竞争压力，国内能源电力央企在国际化品牌建设方面相对滞后，全球知名品牌较少，面临严峻的竞争形势。国际政治经济形势的变化，如贸易摩擦、地缘政治冲突等，也可能对能源电力央企的海外投资和项目实施产生直接影响，从而间接影响其品牌传播和品牌价值提升。此外，能源电力产品的弱感知性使得消费者对品牌的认知和忠诚度较低，能源电力央企需要通过多种方式提升品牌的可见度和影响力。

3.3 能源电力央企品牌建设典型案例

2014 年 5 月 10 日，习近平总书记在河南考察中铁工程装备集团有限公司时提出了"三个转变"，即推动中国制造向中国创造转变、中国速度向中国质量转

变、中国产品向中国品牌转变，这为推动我国产业结构转型升级、打造中国品牌指明了方向。近年来，我国能源电力央企在习近平总书记"三个转变"重要指示精神指引下，积极响应品牌强国战略，奋力践行品牌引领行动，在品牌建设与品牌价值提升方面取得了显著成效。本报告基于国际知名品牌价值榜单的分析结果，选取了六家能源电力央企（企业名单见表 3-7），梳理并总结其在品牌战略、品牌管理、品牌国际化及品牌组织保障等方面的成功经验与具体实践。

表 3-7　　　　　能源电力央企品牌建设典型案例分析名单

序号	品牌名称	基于 World Brand Lab 的上榜情况	基于 Brand Finance 的上榜情况
1	国家电网	世界品牌 500 强第 20 名 中国 500 最具价值品牌第 1 名	全球品牌价值 500 强第 12 名 中国品牌价值 500 强第 7 名
2	中国能建	—	全球品牌价值 500 强第 192 名 中国品牌价值 500 强第 36 名
3	东方电气	中国 500 最具价值品牌第 139 名	中国品牌价值 500 强第 298 名
4	中核集团	—	中国品牌价值 500 强第 109 名
5	大唐集团	—	中国品牌价值 500 强第 222 名
6	三峡集团	中国 500 最具价值品牌第 264 名	中国品牌价值 500 强第 243 名

数据来源：World Brand Lab 发布的 2023 年《世界品牌 500 强》和 2024 年《中国 500 最具价值品牌》、Brand Finance 发布的 2024 年《全球品牌价值 500 强》和 2024 年《中国品牌价值 500 强》。

3.3.1　国家电网——以卓越产品打造全球卓著品牌

国家电网有限公司（简称国家电网）以投资建设运营电网为核心业务，是关系国家能源安全和国民经济命脉的特大型国有重点骨干企业。国家电网着力打造品质典范、创新典范、治理典范、文化典范、责任典范"五个典范"和管理领先、声誉领先、价值领先"三个领先"的全球卓著品牌。连续 7 年位居全球公用事业品牌第一位，连续 11 年获国际三大评级机构国家主权级信用评级，连续 9 年位列中国 500 最具价值品牌榜首。

（1）以卓越产品夯实品牌基础，全面提升核心竞争力。产品是企业的立身之本，也是品牌的根基所在。国家电网始终坚持以卓越产品塑造一流品牌，保证电力供应、保障能源安全、促进绿色转型。国家电网统筹发展和安全、保供和转型，发挥全网"一盘棋"优势，坚决打赢迎峰度夏、抗洪抢险、迎峰度冬、抗击寒潮、抗震救灾等一系列攻坚战，不断推动电网高质量发展，累计建成35项特高压工程，国家电网成为全球最强大、安全可靠、清洁低碳、经济高效、技术先进的电网。同时，积极助力新型能源体系规划建设，发布实施国内企业首个"双碳"行动方案和构建新型电力系统行动方案，成立新型电力系统技术创新联盟，推进联合攻关、标准制定、经验交流和成果共享。

与此同时，国家电网遵循"人民电业为人民"的服务理念，用心用情提供优质服务。提供偏远农村与城市均等化服务，实现发达地区与落后地区优质服务全覆盖，并持续优化电力营商环境，推广"三零""三省"服务。以全球最低的电价、最强的能力保证电力安全可靠供应，推动我国在世界银行"获得电力"指标排名从全球第98位跃升至第12位。

（2）以创新领先驱动品牌发展，全面提升价值创造力。创新是企业发展的第一动力，也是品牌的活力源泉。国家电网深入实施创新驱动发展战略，加快实现高水平科技自立自强，为科技强国建设贡献国网力量。在全力打造原创技术策源地方面，国家电网连续攻克特高压输电、柔性直流输电、大电网安全、新能源并网消纳等关键核心技术，并建成"国家级、公司级、各单位级"三级实验室体系，建成世界最先进的大电网仿真中心。国家电网勇当现代产业链链长，努力当好国民经济的稳定器、压舱石。在提升产业链韧性上聚焦重点领域，发挥"电e金服"数字化产业链金融服务平台作用，加快建设绿色现代数智供应链，带动电工装备全面升级和上下游企业共同发展，在现代产业体系构建中更好发挥支撑引领作用。

（3）以责任典范发挥品牌效能，全面提升全球形象力。国家电网聚焦管理科学、贡献突出、价值领先、全球知名品牌等四个方面，开展品牌国际化传播。

打造品牌标识，北京冬奥会、杭州亚运会、成都大运会100%绿色供电和"张北的风点亮北京的灯"成为国际传播高频词。彰显品牌价值，国网巴西CPFL公司项目获得"联合国可持续发展优秀案例奖"。树立品牌形象，持续12年实施巴西马累交响乐团公益项目，巴西苦咸水淡化公益项目等造福民生、赢得赞誉。强化品牌传播，"无人机照亮麦子保卫战"融媒体作品形成现象级传播，硬核科技空降铁塔抢险救灾融媒体作品成为标志性品牌事件，央视公益广告"科学使用空调26度刚刚好"、央视公益短片"保障用电安全有你"形成鲜明公众记忆。

国家电网积极助力"一带一路"建设，始终坚持共商共建共享，通过投资、建设、运营一体化，带动技术、标准、装备一体化"走出去"，在10个国家和地区运营13个国家级骨干能源网项目，为全球治理提供中国企业贡献，全力塑造责任央企全球品牌形象。

3.3.2　中国能建——兴文化强品牌，建设国际竞争力工程公司

中国能源建设集团有限公司（简称中国能建）是为全球能源电力、基础设施等行业提供系统性、一体化、全周期、一揽子发展方案和服务的综合性特大型集团公司。中国能建在加快建设具有国际竞争力的工程公司的道路上，以文化人，塑形铸魂，努力打造出具有自身特点的文化品牌、科技品牌、责任品牌。

（1）结合企业文化传承，夯实品牌文化内核。中国能建及其成员企业从20世纪中叶相继成立以来，就始终与新中国电力建设同行，新中国第一家电力勘测设计单位、第一支电力施工安装队伍、第一台发电机组建成等，均来自中国能建。中国能建的企业发展史，也是一部国家电力建设史，积累了丰厚的文化资源。注重从文化土壤中汲取营养，融入经营管理和品牌建设中，中国能建形成了各具特色的子企业文化，如葛洲坝集团的"丰碑文化"、规划设计集团的"工程师文化"、建投企业的"铁军文化"等品牌，既全程伴随并见证了新中国电力事业艰辛创业、沧桑变迁的历程，也为电力行业文化融会贯通，行业品牌重塑铸形、走向世界，注入了强大的精神力量。

文化整合是中国能建重组之初的既定目标，在公司中长期发展战略纲要中，将"品牌领先，有限多元"列为五项业务发展战略之一，系统构建了企业核心价值理念和行为准则，出台企业文化指导意见，颁布品牌视觉形象规范，开展工程师文化课题研究。通过覆盖全集团、全产业链的宣传文化活动，内聚人心、外树形象，打造共同的精神家园。依托"初心能见"主题传播活动，公司实施了"打造一项品牌活动、推出一批典型人物、制作一个全媒体产品、出版一本文化图书、举办一次主题座谈会"等"五个一"文化工程，发掘、提炼出更多叫得响、立得住、传得开的新时代企业精神，全景展现70年来新老几代电力建设者不忘初心、砥砺奋进的难忘画面，打造传承精神力量的品牌工程。

（2）聚焦科技引领，树立创新品牌。创新创效是中国能建的行为准则，倡导创新文化、做实创新品牌，是公司品牌建设矢志不渝的坚守。中国能建始终将科技作为核心竞争力的重要组成，积极承担具有战略性、基础性、前瞻性的国家重大科技项目，始终保持着行业科技创新的领先优势。中国能建在行业技术的基础理论、系统模拟、优化算法、技术装备等方面，自觉担当，深入推动产学研用，掌握关键技术并真正转化为现实生产力，使科技品牌更加饱满充盈。以科技作保障，推进工程项目质量创优，打造行业标杆和中国名片。

（3）发扬社会责任，彰显责任品牌。中国能建在抗击地震、冰雪重大自然灾害和突发事件时，坚持社会效益第一，以最快速度抢修电力和通信设施，打通生命通道，发挥"定海神针"作用。坚持精准扶贫、精准脱贫，将打赢脱贫攻坚战落在实处，并通过扶志、扶智等方式支持贫困地区发展。中国能建坚持"诚信为先、品质为本"的经营理念，推进"信用能建"工程，创新主动信用管理、"信用+"管理方法，合力打造"信用能建"品牌。努力建设精品电站，积极贡献中国智慧，把电力发展经验开放分享给国际合作方，在境外项目建设中，将诚信建设与履行责任同步开展。中国能建作为"一带一路"电力能源工程建设领域的主力军，通过国际工程EPC总承包、项目投融资、装备出口的协调发展，凝聚智慧和力量，针对所在国的需求，提供中国标准，奉献中国建造，为世界"充电"，筑就中国能建国际化品牌，助力构建人类命运共同体。

3.3.3 东方电气——坚持"领先战略"，塑造装备制造"硬核"品牌

中国东方电气集团有限公司（简称东方电气集团）创立于 1958 年，是中央管理的涉及国家安全和国民经济命脉的国有重要骨干企业，肩负保障国家能源安全的重大责任，是全球最大的能源装备制造企业集团之一。东方电气集团是中国电力驱动时代的先驱者之一，成长于三线建设，发展于改革开放，壮大于新的时代，孕育了"东汽精神"。东方电气集团始终牢记习近平总书记殷殷嘱托，不忘产业报国初心，牢记制造强国使命，以"绿色动力、驱动未来"为己任，奋力建设世界一流装备制造品牌。

（1）实施品牌建设领先战略，构建"五位一体"品牌建设工作模式。 东方电气集团将品牌建设作为一项重大课题，坚持对标一流、统筹谋划、协同推进，深入开展品牌提升专项行动，构建了以"品牌管理体系、品牌价值体系、品牌传播体系、品牌文化融合体系、品牌国际化体系"为主要内容的"五位一体"品牌建设工作体系，品牌建设各项工作取得长足进展，奋力打造"领先"的品牌形象。

（2）强化品牌建设组织领导，持续提升公司品牌价值。 东方电气集团加强组织领导，强化统筹协调，不断优化品牌联席会议机制，逐步构建了"集团领导层－集团品牌管理层－子企业品牌管理层"的三级品牌管理组织架构，逐渐构建起各部门齐抓共管、各单位上下联动的工作模式。东方电气集团突出"大国重器""绿色动力 驱动未来"等核心价值，持续擦亮高端能源装备制造品牌名片，在 World Brand Lab 发布的 2023 年《中国 500 最具价值品牌》分析报告中，"东方电气"品牌价值评估较"十三五"末增长 56.4%，品牌价值再创新高。

（3）突出产品及技术核心创新水平，重点打造装备制造"硬核"品牌。 东方电气集团坚持以产品"走出去"带动品牌"走出去"，积极践行绿色低碳发展理念，打造清洁高效能源装备，形成"六电并举、六业协同"的产业格局，推

动绿色低碳转型发展，塑造世界一流装备制造品牌。2023 年 3 月 8 日，被人民日报、新华社誉为中国"争气机"的我国首台全国产化 F 级 50MW 重型燃气轮机商业示范机组正式投入商业运行，填补了我国自主燃气轮机应用领域空白，为清洁能源领域提供自主可控全链条式的"中国方案"，擦亮了东方电气集团东方汽轮机的"金字招牌"。

（4）持续提升品牌文化融合水平，大力推动品牌国际化建设。 东方电气集团发布东方电气"同·创"文化，成立"东汽精神"研究会，打造"东汽精神"教育基地，将文化建设与品牌工作紧密结合，赋能战略性新兴产业发展，赋能世界一流企业建设。东方电气集团以共建"一带一路"为重点，以重大工程项目为依托，加强重点项目履约和重点市场经营，因地制宜实施东方电气特色的品牌国际化发展道路，在 2023 年度《工程新闻纪录（ENR）》"国际承包商 250强"榜单中较 2022 年排名提升 27 名。

3.3.4　中核集团——提升品质品位品相，打造世界一流核工业品牌

中国核工业集团有限公司（简称中核集团）是中国核科技工业的主体，是全球少数几家拥有完整核工业产业链的集团。中核集团是中国核能发展的主力军，是国家基石的"中华之核"，以核之能量撑起了中华民族的脊梁。中核集团深入学习贯彻习近平总书记关于品牌工作的重要指示精神，把推动品牌建设与打造核领域原创技术策源地、担当核工业现代产业链链长、加快建设世界一流企业等重要任务紧密结合起来，以品牌之力助推高质量发展。

（1）打造品质，筑牢中核品牌"压舱石"。 中核集团以科技自立自强助推品牌高质量建设。中核集团始终把推动品牌建设与打造核领域原创技术策源地、核工业现代产业链链长建设等重要任务紧密结合起来，以更经济更有效更可靠的方式集聚创新资源、主导产业形态、强化安全质量支撑。在三十余年核电科研、设计、制造、建设和运行经验基础上，中核集团研发设计具有自主知识产权的三代核电技术品牌"华龙一号"。"华龙一号"国内外首批 4 台机组已经全

部建成投运，批量化建设稳步推进，出口巴基斯坦的第 3 台"华龙一号"机组破土动工。此外，四代核电高温气冷堆投入商运、我国快堆已经形成了完备的科研技术体系、新一代人造太阳等重大科技成果不断涌现，"热堆－快堆－聚变堆"核能"三步走"发展战略深入实施。

中核集团始终坚持"质量创造价值、质量成就品牌"的质量理念，夯实品牌建设的基础。按照国际标准构建质量控制体系，中核集团以最高标准和最严制度，持续开展质量提升行动，进行实时质量监控和普遍质量教育。正是对卓越质量的执着追求，中核集团才有了华龙一号、玲龙一号、燕龙等一批"龙"系列品牌、核技术应用品牌，赢得了国内国外市场的赞誉认可，在全球市场塑造了良好的品牌声誉。

（2）提升品位，提高中核品牌"含金量"。中核集团始终把品牌文化建设摆在重要位置，推动品牌建设能力提升，不断培育核心竞争力、影响力，全力打造享誉全球的中国品牌。中核集团明确品牌个性，追求更负责任、更加安全、更高科技的品牌发展目标，中核集团是我国核科技工业的主体，承担着国防建设和国民经济建设双重责任，肩负着强核强国的历史使命。中核集团始终坚持精神传承、文化赋能，筑牢国家安全、民族复兴重要基石的使命感、责任感已转化为员工自觉行动，成为企业改革发展原动力。中核集团始终传承弘扬"两弹一星"精神和"四个一切"核工业精神，践行"强核报国 创新奉献"的新时代核工业精神，以强核报国之志筑牢中国式现代化战略支撑。

中核集团是中国核科技工业的主体，是国内唯一业务覆盖核科技工业全产业链的企业，作为中国核能发展的国家队、主力军，肩负着以核之能量撑起中华民族脊梁、保障国家战略安全、探索未来能源解决方案的光荣使命。中核集团赓续红色血脉、传承红色基因，新时代核工业人心中那团火正在点燃，为新时代集团品牌建设注入"核动力"。中国核工业从无到有、从发展到壮大，每一次技术创新、每一个科技成就无不体现着核工业人无私奉献、勇攀高峰的精神。这种精神基于中国核工业近 70 年的文化积淀和"因党而生、跟党创业、向党而兴"的文化基因，中核集团始终秉持文化传承，不断涵养品牌生命力。2019 年以来，中核集团组建"两弹一星"精神和新时代核工业精神宣讲团，全国巡讲 100 余场，覆盖线上线下观众超过 500 万人次，被评为中宣部 2021 年度"基层理论宣讲先进集体"。

（3）展示品相，擦亮中核品牌"金名片"。中核集团持续加强品牌传播，通过全媒体传播体系建设，加强正面宣传及核能科普，塑造涉核舆论新格局，打造强核强国战略实践者、核工业市场领导者、人类未来能源开拓者的品牌形象，提升品牌美誉度。中核集团大力开展典型选树宣传，发布核工业功勋榜、评选奋进中核人、宣讲时代楷模彭士禄、开展年陈文化表彰等工作；讲述核工业第一次创业历程的电视剧《激情的岁月》于庆祝新中国成立 70 周年期间在央视一套播出，讲述中国核电自主创新发展历程的《许你万家灯火》电视剧在央视一套黄金频道播出。

中核集团不断探寻科技之美、核能之美，中核集团将每年 1 月 15 日核工业创建的纪念日命名为"中核日"，积极打造"1·15"中核日超级符号，传递品牌主张、提升品牌知名度。中核集团在每年中国品牌日前打造中核文化品牌周，以"核力无限　共创未来"为主题，聚焦中核集团企业文化品牌的核心关键要素，一系列特色主题活动接续展开，让公众近距离感受核科技的神奇。

中核集团始终坚持为人民美好生活服务，充分发挥核医疗全产业链优势，为全球癌症患者点亮"希望之光"。中核集团充分发挥核医学技术优势，通过帮助建立基础设施、采购放射诊疗设备、培训专业人员等多种项目实施，利用放射性诊疗和治疗等核医学技术助力发展中国家提高癌症诊疗能力，助力实现"2030 联合国可持续发展目标"。在海外，中核集团通过"中国知识畅达计划"，逐步走入哈萨克斯坦、俄罗斯、白俄罗斯、亚美尼亚、土耳其等 14 个"一带一路"国家，为这些国家的学者和读者们架设起一座座了解中国知识与文化、促进双方文化与科研沟通的桥梁。面对直接利益相关方，中核集团通过整合社会优势媒介资源，强化品牌传播力度，做好企业品牌沟通与交流，展现了良好品牌形象。

3.3.5 大唐集团——内外部协同聚力，培育负责任的能源品牌形象

中国大唐集团有限公司（简称大唐集团）成立于 2002 年 12 月 29 日，是中央直接管理的国有特大型能源企业。大唐集团积极践行"四个革命、一个合作"能源安全新战略，认真履行能源央企经济责任、政治责任、社会责任，致力于打造"绿色低碳、多能互补、高效协同、数字智慧"的世界一流能源供应商，成为美丽中国建设的领军企业。大唐集团把品牌建设放在全局工作中统筹谋划，坚持品质立牌、科技创牌、文化兴牌、典型塑牌，突出"三个强化"推进品牌价值创新。集团不断强化战略执行，不断强化专业管理，不断强化深度融合，加强党对品牌工作的领导，构建了横向协同、纵向联动的品牌工作格局，搭建了覆盖品牌管理全过程关键环节的品牌管理制度体系，创新了品牌传播，充分展示了大唐品牌形象，为构建清洁低碳、安全高效的现代能源体系持续贡献力量。

（1）从公司层面制定品牌战略全局规划，系统性部署品牌引领各项工作任务。 2024 年 9 月，大唐集团研究审议《品牌体系建设工作方案》，认真分析集团公司品牌建设的新形势、新任务、新要求，安排部署品牌建设暨品牌引领行动各项工作。大唐集团将加强品牌建设视为服务党和国家战略全局、推动集团公司战略落地、提高核心竞争力的重要举措。积极构建品牌理念体系、健全品牌管理体系、建立品牌价值体系、强化品牌传播体系、探索品牌考核体系，优化品牌创建路径，坚持在继承中创新、在落实中提升，对标对表上级要求，不断塑造符合大唐集团实际的品牌体系，提升价值创造能力，引领做强做优做大，推动实现高质量发展。

（2）积极践行社会责任，通过开展各类公益活动，推进品牌价值共创共赢共享。 大唐集团始终把乡村振兴工作作为光荣的政治任务，在定点帮扶实践中，坚持扶持、扶志、扶智"三扶"并重，真心、真情、真金白银"三真"融合，

统筹推进教育、产业、民生、就业、党建"五位一体"帮扶，创新实施"三扶三真，五位一体"大唐特色帮扶体系，积极打造教育帮扶"筑梦工程"。

大唐集团主动发挥特大型能源央企资源聚合作用，探索"央企+"帮扶路径，引进北京师范大学等专业力量建立"组团"模式，为广西大化县、陕西澄城县培训中青年教师超过 3000 人次，锻造了一支带不走的教师队伍；在整合内部资源为县域职校提供师资和实训基地的同时，积极对接战略伙伴拓展就业渠道，开辟了适龄青年成才就业的新通道。此外，集团所属 4 家基层企业面向公众开放，全方位、深层次开展全员价值创造群众性劳动竞赛活动。大唐集团还坚持责任塑牌，深入开展政企合作，打造民生工程建设，积极推进"引热入郑"工程，充分发挥热电联产优势，助力大唐集团树立了服务社会、积极奉献、主动担当的良好社会形象。

（3）推进品牌建设与公司经营发展紧密结合，实现品牌与业务协同互动、双向促进的发展模式。大唐集团将品牌建设工作与公司"十四五"圆满收官和"十五五"提前谋划结合起来，不断加强组织领导，优化组织机构，加大培训力度，落实各级责任，统筹协调推进，全面提升全员品牌意识，狠抓品牌建设工作方案落实，推动形成人人珍惜品牌形象、人人擦亮大唐品牌的生动局面，进一步树立中国大唐良好品牌形象，努力为打造世界一流能源供应商和美丽中国建设领军企业贡献力量。

3.3.6 三峡集团——以品牌引领构建大国重器形象

中国长江三峡集团有限公司（简称三峡集团）是全球最大的水电开发运营企业和中国领先的清洁能源集团。三峡集团通过媒体、舆论和形象三个维度的品牌建构，白鹤滩水电站及"世界最大清洁能源走廊"的品牌形象得以牢固树立并广泛传播，成为开展重大工程品牌建设的积极探索和实践。

（1）提炼品牌价值，构建话语体系。围绕品牌定位提炼品牌核心价值，并统领传播活动，是成功塑造品牌的基础。三峡集团从科技引领、绿色发展、能源安全、造福人民等方面持续提炼品牌价值、构建话语体系，打造精品工程品牌，塑造世界一流企业形象。三峡集团将品牌建设融入工程建设全过程，携手国内水电建设和装备制造企业，坚持创新驱动，攻克了一系列世界级技术难题，创造了百万千瓦水轮发电机组单机容量、300 米级高拱坝抗震设防指标、地下洞室群规模等六项世界第一，推动我国水电全产业链、价值链和供应链水平显著提升，为实现中国式现代化提供科技支撑。以国家重大工程拉动全产业链质量升级，形成领先全球的中国标准，增强中国在国际水电界的话语权。主流媒体围绕白鹤滩水电科技创新开展持续深入的重大宣传，深度发掘工程品牌价值、塑造一流品牌形象。

三峡集团把白鹤滩水电站工程建设作为中国式现代化建设的缩影，围绕绿色发展主线，铸造新时代大国工匠精神，持续提炼白鹤滩水电站的"绿色"品牌价值。三峡集团以白鹤滩水电站为品牌故事主线，把在长江干流建设运营的 6 座巨型梯级水电站串联起来，向全世界讲述最大清洁能源走廊的品牌故事，讲述实现流域梯级电站综合效益最大化的故事，讲述为长江经济带高质量发展提供坚实基础保障的故事，大大提升了品牌价值和企业形象。

（2）加强战略传播，强化品牌形象。构建媒体朋友圈，加强白鹤滩水电站工程品牌传播力，紧紧依靠新闻媒体的大力支持。媒体宣传抓住重要节点，以单个新闻动态为由头拓展成一组重点选题，从白鹤滩到清洁能源走廊再到可再生能源支撑中国式现代化等。坚持移动优先、可视化优先、主流媒体优先的原则，立足自办媒体平台做好产品生产和传播，在"学习强国"等新媒体平台做好二次传播，协调人民日报、新华社、总台央视等 60 多家媒体进行全方位、多层次、立体化报道，多次形成"爆款"，白鹤滩水电站成为"顶流工程"。壮大舆论生态圈，提升品牌影响力。与中国科学院权威科普读物《科学世界》合作，配合央视品牌栏目等采访专题录制，通过建设者形象解读白鹤滩工程的重要地位、科技创新和深远意义，强化了白鹤滩作为清洁能源"国之重器"的品牌形象。注重拓展国际新视野，推动品牌延伸力。与 CGTN 共同挖掘白鹤滩 80 后建设者、鸟类保护、白鹤滩"黑科技"等议题，制作新媒体产品，通过英文网站、社交媒体账号发布。

（3）注重文化建构，加强品牌管理。加强舆情研判及引导。三峡集团借助广泛的"舆论生态圈"，深度挖掘白鹤滩水电站的行业与公共传播价值，通过共同设置议题、制造话题，引导社会和行业舆论，构筑良好的舆论生态环境，增进社会公众的品牌认同度。推动从媒体建构到文化建构。三峡集团立足自办媒体平台做好产品生产和传播，协同中央主流媒体和行业媒体、地方媒体及各二次平台开展大众传播，形成了由内向外层层放大、立体全面叠加融合的传播效应。开展品牌联想，加强品牌建设。

白鹤滩水电站的品牌构建与传播取得了良好成效。一是结合工程宣传央企发展理念，构建绿色可持续发展企业品牌形象；二是通过大国重器提升央企品牌认知，彰显大国重器责任企业形象；三是尝试"企业品牌－行业品牌－国家品牌"品牌建设实践，探索企业品牌国际化之道。

（本章撰写人：刁子鹤　审核人：刘素蔚）

4

能源电力央企品牌
建设与价值提升
重点任务

党的二十届三中全会为国有企业发展提供明确的方向，提出要"支持和引导各类企业提高资源要素利用效率和经营管理水平、履行社会责任，加快建设更多世界一流企业"。这一顶层指引实际上要求企业通过技术创新、品牌建设和提升国际影响力，全面推动自身品牌的全球化进程。换言之，**能源电力央企在品牌建设中，必须从战略高度出发，明确保障国家能源安全这一本质要求，坚持绿色低碳发展，培育新质生产力，以确保企业在全球市场中的竞争力与品牌影响力**。例如，国家电网在其全球化战略中，明确以智能电网建设为核心的品牌发展方向，通过技术输出和合作项目推动品牌的国际化。

4.1 加强品牌战略管理

品牌战略管理是企业为了实现长期目标而制定的关于品牌定位、市场定位和发展路径的全面计划。因此，能源电力央企应充分考虑自身实践与需求，瞄准能源强国和新型能源体系发展目标，统筹平衡安全稳定、经济高效与清洁低碳，围绕能源安全、能源低碳、能源经济和能源科技"四大战略任务"[7]，以全员参与为基础，对企业实行全面品牌管理。

4.1.1 推进品牌战略与企业战略融合

（一）制定品牌战略

品牌战略制定是指企业为了建立、维护和提升品牌形象，以实现长期市场目标和业务增长而制定的一系列关于品牌发展的策略、规划和行动方案。具体包括品牌化决策、品牌模式选择、品牌识别界定、品牌远景设立等方面的内容。

（1）品牌化决策解决的是品牌的属性问题。能源电力作为关系国家能源安全、经济发展和民生福祉的基础产业，央企要站在中国式现代化全面推进中华民族伟大复兴的高度，发挥科技创新、产业控制、安全支撑作用，致力于成为经济增长的"顶梁柱"、绿色转型的"排头兵"、科技创新的"国家队"、维护安全的"压舱石"[8]。

（2）品牌模式选择解决的是品牌的结构问题。能源电力央企需依托国家政策与企业发展实际，构建合理的品牌结构。党的二十届三中全会对能源企业体制结构做出了系列指示，强调"深化能源管理体制改革，建设全国统一电力市场，优化油气管网运行调度机制"。在政策指导下，国家电网形成了以"国家电网"为母品牌，涵盖企业品牌、产品品牌、服务品牌、金融品牌、文化（公益）品牌等多种子品牌的复合型品牌架构。通过梳理品牌资产、制定管理手册、加强品牌价值评估，促进母品牌与子品牌协同发展，提升品牌价值，覆盖更广泛地区和受众。

（3）品牌识别界定即企业如何通过名称、标志、颜色、声音或者其他标识，使消费者快速识别品牌并与其他品牌区分。能源电力央企重视品牌标识的设计，从理念、行为与符号三个方面提升品牌吸引力。以国家能源集团为例，其提出的 RISE 品牌战略，明确"为社会赋能，为经济助力"的企业宗旨、"绿色发展，追求卓越"的核心价值观等，其模型外形、颜色、寓意与集团 LOGO 一脉相承，以"旭日东升"为创意，契合集团发展阶段和企业特色，寓意源源不断、可持续发展的能源，体现了集团品牌的行业属性和发展形象（见图 4-1）。

（4）品牌远景设立是对品牌未来的规划和设想。这种远景能够激发公司的工作动力，指引企业的方向，并在员工和消费者中建立共享的愿景。例如，国家电投党组（扩大）会议提出的"2035 一流战略"，旨在 2020 年成为国内领先的清洁能源企业、2025 年成为有一定国际影响力的清洁能源企业、2035 年基本建成具有全球竞争力的世界一流清洁能源企业。在这一战略指导下，国家电投聚焦新业态、拓展新产业，优化组织机构，解决制约战略落地的体制性、机制性问题，提升自身声誉，助力国家社会发展。

可以说，制定品牌战略是一个前后延伸的过程，能源央企既要进行前端的调研，又要考虑后续的管理与维护，需要综合考虑市场环境、消费者需求、竞

图 4-1　国家能源集团 RISE 品牌战略模型

争对手情况、企业自身资源和能力等内外部因素，以确保品牌战略的科学性和可行性。

（二）推动品牌与业务融合

推动品牌与业务融合，既要重视业务落地对品牌塑造的影响，又要依托业务线开展品牌建设。一方面，优质业务是能源电力央企塑造品牌的地基，能源电力央企要通过精益求精的实践成果夯实"中国制造"品牌的硬实力，业务落地自然形成品牌力；另一方面，能源电力央企需要找准各项工作与品牌建设的融合点与聚焦点，可以根据业务线的早中晚排序，从最早可以开展品牌建设的业务线入手，以品牌化思维运作实践活动，建设"大品牌体系"。以中国石化镇海炼化公司为例，公司从业务线切入探索品牌与业务融合，识别出发展、营销、生产、安环、企管、传播 6 大类主营业务 26 条业务线，以此为基础建立起"业务与品牌结合点、品牌受众及感知、品牌建设目标"等 8 个业务线品牌建设维度。

4.1.2 明确品牌定位和理念内涵

品牌定位是指企业在市场定位和产品定位的基础上，对特定的品牌在文化取向及个性差异上的商业性决策，它是建立一个与目标市场有关的品牌形象的过程和结果。品牌定位的核心是差异化。对于能源电力央企的品牌定位而言，需要在明确社会功能的前提下，进一步挖掘自身定位。

（一）品牌定位方法

习近平总书记主持召开中央财经委员会第六次会议，提出**"四个革命、一个合作"**能源安全新战略，为我国能源安全和发展提供了根本指引，也是能源电力央企品牌定位的根本遵循。

能源电力央企首先需要明确自身的社会功能。党的二十届三中全会明确了"推动国有资本和国有企业做强做优做大，增强核心功能，提高核心竞争力"的目标，在此之前，国务院国资委提出国有企业要发挥科技创新、产业控制、安全支撑作用，因此，**"两核三作用"为能源电力央企的品牌定位奠定了基础。**

其次，品牌定位本身就隐含竞争性，因此能源电力央企需要将竞争者作为定位的坐标或基准点，进而确定自身的品牌定位。**能源电力央企的竞争者既包括专业条线上的其他生产主体，又包括国际市场的其他企业。**因此，能源电力央企一方面要实时关注同类企业的创新成果，并在此基础上不断提升自身产品质量，例如加大对综合能源、新能源的开发及应用力度；另一方面，在面对国际市场的竞争时，既要围绕竞争者寻找突破口，又要与竞争者建立联系，以期在国际市场中为自身寻找一席之地。

重要的是，品牌定位注重与时俱进，因而能源企业要密切关注市场动态，积极进行科技创新，重视市场对绿色能源的需求，进而及时对品牌定位进行更新和优化。除此之外，品牌定位是个一以贯之的内容，应该在企业的所有营销活动中保持一致性和连贯性，这有助于在消费者心中形成稳定的品牌形象和认知。

（二）建立引领企业发展的理念体系

作为能源电力央企，要切实提高政治站位，把党的领导贯穿改革各方面、融入公司治理各环节，以**高质量党建引领保障企业高质量发展**。同时要**坚持创新、协调、绿色、开放、共享的新发展理念**，坚定不移走生态优先、绿色低碳的高质量发展道路。例如，国家电网的企业战略目标是"建设具有中国特色国际领先的能源互联网企业"，企业宗旨是"人民电业为人民"，"努力超越、追求卓越"是企业精神。在系列理念指引下，国家电网致力于科技创新，以实现绿色环保的能源承诺与服务人民的根本责任。

（三）加强理念输出和战略沟通

对于能源电力央企而言，加强理念输出和战略沟通是联通内外、沟通上下的重要方式。第一，加强理念输出能够塑造企业形象，促进外部合作同时及时适应外部环境变化，并深化与受众的关系，进而提升品牌认知度；第二，内部理念与战略沟通能够增强凝聚力，理顺上下沟通，推动战略顺利实施。

在明确理念体系与战略目标的基础上，能源电力央企对内要加强员工培训，建立定期的沟通机制与反馈机制，设立专门的战略沟通部门或岗位，搭建战略沟通平台，形成跨部门、跨层级、跨人员的双向互动格局，重视员工发展，保障员工权益，促进企业内部达成共识。此外，能源国企要积极履行社会责任，以履责实践兑现社会承诺，不断擦亮"国家力量"这块金字招牌，更要重视与利益相关者的沟通，及时回应市场对能源的期待。重视国内市场沟通的同时，也要重视与国际市场的交流，学习新技术与新经验，通过国际合作促进可持续发展。

4.1.3　形成品牌战略闭环管理模式

PDCA 理论是一种循环改进模型（见图 4-2），PDCA 是英文 Plan（计划）、Do（执行）、Check（检查）和 Action（行动）的缩写，这一理论最初由美国统计学家沃尔特·A·休哈特（Walter A. Shewhart）提出，并由戴明采纳、宣传，获得普及，因此又称戴明环。基于 PDCA 理论的 Plan（计划）、Do（执行）、Check（检查）和 Action（行动）四个阶段可以发现，品牌战略发展历程可以与这些阶段相契合。

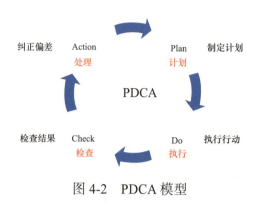

图 4-2　PDCA 模型

（一）品牌战略制定（Plan）

在 PDCA 理论中，Plan（计划）是第一个阶段，也是整个循环的起点和基础。具体来说，Plan 阶段包括目标设定、问题分析、策略与措施制定、风险评估与应对等方面。基于 PDCA 理论，品牌战略制定可分为三个部分。

（1）明确战略目标。对于能源电力央企而言，成为世界一流企业是重要目标。按照国务院国资委表述，**世界一流企业可概括为"三个领军、三个领先、三个典范"**：三个领军是要成为在国际资源配置中占主导地位的领军企业，引领全球行业技术发展的领军企业，在全球产业发展中具有话语权和影响力的领军企业；三个领先是指效率领先、效益领先和品质领先；三个典范是要成为践行绿色发展理念的典范、履行社会责任的典范、全球知名品牌形象的典范。

（2）分析市场环境。随着经济从"高速发展阶段"转向"高质量发展阶段"，新兴产业的产值规模持续增加，以 AI 应用、充电桩、新能源汽车等在内的"新型基础设施建设"和"新型城镇化建设"将带来用电量的持续需求，**能源电力央企的市场持续扩大**。此外，**大量新能源政策为能源电力央企提供助力**。2024政府工作报告中提到，加快前沿新兴氢能、新材料、创新药等产业发展，深入推进能源革命，控制化石能源消费，加快建设新型能源体系。同时，**分析用户需求成为能源电力央企发展的关键**。南方电网公司率先发现用户端的重要性，并成立了用户生态运营公司，致力于满足市场多样化、多层次、高质量用能用电需求。这不仅标志着央企首家用户生态运营公司的诞生，更象征着南方电网公司踏上了向能源生态系统服务商、能源产业价值链整合商转型的新征程。

（3）制定战略计划。高质量发展是新时代的硬道理，能源电力央企的未来战略少不了新质生产力的加入。因而，**能源电力央企制定战略计划要以"两端发力、一个重塑"为主线**，一是在传统产业高端化、智能化、低碳化、谱系化发展上发力；二是在战略性新兴产业规模质量发展上发力；三是重塑形成综合性现代化产业发展新格局。一方面，通过构建新型能源体系保障新质生产力快速发展，培育新质生产力所需创新技术。另一方面，新质生产力将加快新型能源体系的建设步伐，进一步为能源行业以科技创新推动产业创新、以产业升级构筑竞争优势指明了方向。

（二）品牌战略实施（Do）

在 PDCA 理论中，Do（执行）是循环中的第二个阶段，紧随计划（Plan）之后。这个阶段的主要任务是将前一阶段（Plan）所制定的计划和策略付诸实践，确保计划得以有效实施。Do 阶段涉及资源调配、任务分配、执行操作、过程监控和沟通与协商。基于 PDCA 理论，品牌战略实施可分为三个部分。

（1）资源配置。能源电力央企要通过产业链整合促进资源有效配置，打通产业上下游，提升产业链的一体化水平，以更高站位、更大格局推动优化全国电力生产力布局，促进能源电力资源优化配置，坚决扛牢能源央企职责使命，通过充分发挥协同效应，企业得以推进专业化整合，从而助力经济转型升级，最终实现国有经济高质量发展的目标。例如，国家电网公司与南方电网公司签署组建《广东藏粤直流电力运营有限公司股东投资合作协议》，共同组建跨区直流电力运营公司，助力电力领域实现"全国一张网"的同时，将在优化电力资源配置、保障能源安全以及促进能源清洁低碳转型方面发挥作用。

（2）组织协同。**组织协同涉及多个层面和多个部门的紧密合作，关键在于建立跨部门协同机制，**包括设立由高层领导组成的品牌战略委员会，负责监督品牌战略的实施和跨部门协同的推进；建立协同工作小组，负责具体执行品牌战略和跨部门协同的任务；通过定期的会议、报告、邮件等方式，加强各部门之间的沟通和协作。除此之外，也要加强外部合作与交流，与国内外合作伙伴建立良好的合作关系，共同推进品牌战略的实施；积极参与行业会议、展览等活动，了解行业动态和竞争对手的情况。

（3）执行计划。**制定详细计划是基础，重视品牌传播与宣传是关键，注重品牌反馈是重点，整个过程的核心在于持续的评估与优化。**例如，国家电网公司按照"一业为主、四翼齐飞、全要素发力"的"十四五"发展总体布局，构建共建共享的品牌生态，充分引入社会责任管理理念、工具和方法，在关注用户和企业自身价值诉求的同时，关注围绕企业形成的内外部、上下游利益相关方诉求和期望，开展了1900多个社会责任根植项目，实现社会责任与运营工作的充分结合，兼顾市场价值和社会价值。

（三）成效监测（Check）

在 PDCA 理论中，Check（检查）是一个至关重要的阶段。它是对执行阶段（Do）所实施计划的成果进行系统的评估，以确保计划是否按照预定的目标进行，以及是否达到了预期的效果。Check 阶段的主要任务包括数据收集、效果评估、问题识别、反馈与报告。基于 PDCA 理论，成效监测在数据收集的基础上进行效果评估与问题识别。

对于能源电力央企而言，首先，品牌成效监测的数据收集目的可能包括评估品牌知名度、美誉度、忠诚度，了解品牌在市场上的表现，在民众中的可信度以及监测品牌策略的实施效果等。其次，要确定数据源，包括企业财务报告、销售数据、客户反馈、市场调研报告等内部数据源以及社交媒体数据、行业报告、竞争对手分析、消费者调研等外部数据源。此后要制定数据收集策略，包括使用特定的软件或硬件设备、调研方式以及监测行业报告和竞争对手动态。

同时建立定期的品牌成效评估机制，确保对品牌的表现进行持续的监测和分析。在评估过程中，企业要巩固问题意识，识别品牌战略实施中存在的不足之处。

（四）战略优化（Action）

在 PDCA 理论中，Action（行动）阶段是整个循环的关键环节之一，它紧随 Check（检查）阶段之后。Action 阶段的主要任务是根据 Check 阶段所发现的问题、评估的结果以及总结的经验教训，制定并实施具体的改进措施，以优化和完善整个循环过程。

对于能源电力央企而言，Action 阶段与企业全面深化改革息息相关。具体而言，**一是完善"两主"管理**，进一步明晰不同类型国有企业功能定位，完善主责主业管理，对非主业、非优势业务进行剥离，对过分偏离主责主业的央企予以问责，竭力遏制片面做大规模的冲动，坚决摒弃粗放式发展路子。**二是推动国有资本"三大集中"**，在关键领域加大业务整合，体现更大担当并强化科技创新。**三是深化两类公司改革**，即深化国有资本投资、运营公司改革。**四是推进垄断领域改革**，既要切实强化自然垄断环节独立运营，又要加快推动竞争性环节市场化改革，激发各类经营主体活力，更好发挥市场机制作用。

构建品牌战略闭环管理模式能够通过不断循环和优化品牌战略，提升品牌的知名度和美誉度，增强品牌的竞争力；有助于企业不断适应市场变化，实现可持续发展；通过系统化的管理流程和标准化的操作方法，提高品牌战略管理的效率和质量。

（五）【案例】法国电力：建设可持续发展的公共服务企业品牌

法国电力（Electricite de France SA，EDF）作为法国重要发、输、配电业务的国有企业，积极承担社会责任，将可持续发展理念融入企业文化，被看作是实现可持续发展的典范。作为法国重要的国有控股垄断型企业，法国电力经过 2004 年电力改制，成为董事会制股份有限公司。

（1）始终如一坚守可持续发展理念。法国电力坚持打造可持续发展的公共服务品牌形象，将可持续发展理念贯穿于经营管理之中。受欧洲无煤化政策的影响，法国电力致力于打造注重经济效率与环保责任的低碳电力企业。2015 年，法国电力推出 CAP2030 战略规划，规划指出，欧洲电力企业正处于能源转型和数字转型两大变革中，低碳、智能将成为未来发展的必然趋势。为此，法国电力确定了以发展核电和可再生能源、巩固并发展有竞争力的低碳发电技术为主的战略业务支柱，为企业可持续发展的公共服务品牌形象和品牌文化理念助力。

（2）结合业务布局优化品牌战略。2012 年，法国电力重新推出了品牌战略，承诺提供三项关键服务：更优质的服务、公平的价格以及简化的操作流程。其旗舰产品是 Blue Plus 价格保证，一种低碳能源费率。这些改变不仅提升了客户的满意度，还增加了品牌的忠诚度，提高了净推荐值（NPS）。法国电力的品牌承诺之一就是透明地告知客户是否能在其他地方找到更便宜的服务，并且不会对离开的客户收取任何终止费用。这种做法使得法国电力赢得了许多忠实客户，并提升了其在消费者心目中的信任度。

4.2 完善品牌管理体系

4.2.1 建立科学合理的品牌架构

品牌架构，是指企业根据整体战略确定的企业品牌、产品品牌之间的组合形式结构，通过科学合理的组合，使企业的各个品牌形成一个有机协调的整体框架。因此，企业的品牌架构管理，就是从战略的角度，全面规划安排品牌家族中每一个品牌的角色、地位和作用，发挥"1+1＞2"的效力，取得品牌价值的最大效益。

（一）品牌架构类型

（1）单一品牌架构。

单一品牌又称统一品牌，指企业所有产品都使用同一个品牌。例如雀巢公司生产的 3000 多种产品包括奶粉、咖啡、牛奶、冰激凌、柠檬茶、药品、化妆品、调味品等都使用雀巢这一个品牌。日本佳能公司生产的照相机、传真机、复印机等产品也都统一使用"Canon"这一个品牌。

单一品牌架构的优点，主要在于企业可以集中资源打造一个强势品牌，在推出新产品时，能够借助母品牌的影响力，以最低成本迅速占领市场。同时，品牌符号在消费者视线里反复出现，可以有效提高品牌的市场能见度，有助于提高消费者的认知度以及品牌知名度，有利于品牌价值的不断累积和提升。

单一品牌架构也存在一定缺点，由于品牌涵盖产品太多，容易稀释品牌个性，一个品牌也难以充分展示公司旗下不同产品各自的优势和特点，不利于品牌产品建立起在行业中的专业形象。同时存在一旦某个产品出现问题，会波及并损害母品牌及其他产品的声誉。

（2）多品牌架构。

多品牌战略是指一个企业同时拥有两个或两个以上相互独立的品牌。采用多品牌战略的企业将许多不同的品牌投入市场中，满足消费者的差异化需求，从而最大限度占领市场。多品牌战略有一品一牌、一品多牌两种形式。一品一牌是指企业的每一类产品使用一个品牌，一品多牌是指每一类产品使用多个品牌。典型的企业是宝洁公司，旗下有几百个小品牌，80多个独立大品牌，其产品覆盖洗发护发、美容护肤、个人清洁、妇女保健、婴儿护理、家居护理等诸多领域。宝洁公司的洗发水就有飘柔、潘婷、海飞丝、沙宣、伊卡璐五大品牌。宝洁公司形成一个庞大的多品牌家族。

多品牌架构的优点，在于企业能够凸显品牌个性，满足消费者差异化的需求，增强品牌竞争力。能够降低企业经营风险，当某个品牌遭遇危机时不会株连到其他品牌。同时有利于鼓励企业内部竞争，实现共同发展。

多品牌架构的缺点，在于企业采用多品牌战略后，企业内部各品牌之间会存在互相争夺资源的竞争关系。品牌一旦过多，产品间的差异就模糊不清，增加了管理的难度。

（3）主副品牌架构。

主副品牌架构，就是以一个成功的品牌作为主品牌，涵盖系列产品，同时又给不同产品起一个生动活泼、富有魅力的名字作为副品牌，突出产品的个性。

主副品牌架构能够弘扬产品的个性和特色。一个主品牌不可能把旗下每个产品的个性都充分展示出来，而副品牌正好可以弥补它的不足。副品牌可以栩栩如生地展示产品的个性、功能和利益点，让消费者一目了然。主品牌和副品牌同时使用，既可以保持各种产品在消费者心中的整体形象，又可以传达不同产品特色、功能等各方面的个性信息，两者相得益彰，使品牌形象更加丰厚、富有立体感。

主副品牌架构能够建立与消费者的紧密关联。副品牌一般会选用生动形象的名字，赋予产品浓郁的感性色彩。所以往往能贴近消费者的审美观念，给产品注入新鲜感和兴奋点，从而引发消费者美好的联想，形成情感上认同。

主副品牌架构能够促进子品牌对主品牌进行反哺。副品牌运用得当，对主品牌的价值有提升作用。可以强化主品牌的核心价值，赋予主品牌现代感、时尚感，使主品牌更加立体丰满、充满活力。同时，众多的副品牌还可以使消费者产生企业实力强、创新快、活力足的印象，从而提升主品牌在消费者心中的美誉度及信赖感。

（4）背书品牌架构。

背书品牌架构是指企业品牌出现在产品广告或包装的不显著位置，告诉消费者该企业是产品品牌的制造商或核心技术与元件的供应商。对独立的产品品牌起到背书、担保或支持的作用，以此获得消费者的信赖。

背书品牌架构能够对产品牌进行品质保障。通过企业品牌在一定领域内的信誉和影响力，向消费者担保承诺其旗下产品品牌在品质、技术和信誉上的可取性，使消费者感觉到既然该产品品牌出自名门，品质当然会有可靠的保障，从而增强产品品牌的权威性，提高消费者的信任度。特别是当企业的新产品品牌进入市场时，背书品牌战略能够打消消费者对新产品的陌生感，使新品牌迅速占领市场。

背书品牌战略中，也存在着"一荣俱荣、一损俱损"的风险。产品品牌做得好，可以起到反哺担保品牌的作用，担保品牌由此更加光辉靓丽；反之，如果被担保的品牌出现失误，也会株连到起担保作用的原有品牌的声誉。

（二）中央企业品牌架构建设规律

（1）聚焦统一管理的目标，打造强大的集团品牌形象。

中国石油天然气集团有限公司（简称中国石油）是产炼运销储贸一体化的综合性国际能源公司，主要业务包括国内外油气勘探开发、炼油化工、油气销售、管道运输、国际贸易、工程技术服务、工程建设、装备制造、金融服务等。

中国石油早期品牌形象五花八门，面向公众、面向国际、面向市场，品牌的类别和形象设计未形成统一，因此难以较好满足企业发展和形象展示的需要。中国石油结合业务发展需要，推动品牌架构焕新，通过差异性组合品牌区分产品、服务领域，建立良性竞争机制，反哺母公司主品牌。**主营业务**以"🌸"为统领，通过主品牌形象提升各业务板块信誉度，促进业务开拓，扩大商标知名范围。**非主营业务**或社会化程度较高的业务，采用多元化、个性化的独立品牌或商标，满足服务和产品开发市场的多样性需求。2006 年完成石化产品品牌整合，2008 年完成专业服务品牌整合，2009 年完成装备产品品牌整合。通过建立《标识管理办法》《产品使用标识管理细则》《商标管理办法》等制度文件，规范企业形象设计应用，形成"中石油"对外统一、有辨识度的品牌体系（见图 4-3）。

图 4-3　中国石油统一品牌形象

（2）围绕主责主业，基于业务相关性科学规划品牌架构。

国家能源投资集团有限责任公司（简称国家能源集团）从"全球可持续能

源典范"品牌定位出发，结合公司"战略+运营"为主的管控模式和统一的企业文化核心价值理念体系，采用统一品牌为主的复合型品牌架构，逐步建立起主营业务以集团品牌为统领的"一主多元"品牌大厦，确立五级品牌架构，即集团品牌、产业品牌、公司品牌、产品服务品牌、要素品牌，实现"点、线、面、片"相结合，实现各类品牌发展同频共振、协同联动，形成品牌合力，增强国家能源集团品牌核心竞争力，加快提升集团品牌价值和影响力（见图 4-4）。

图 4-4　国家能源集团品牌架构图

（3）注重分类管理、动态调整，渐进式推动架构整合。

中国石油化工集团有限公司（简称中国石化）是国内能源化工行业较早开展品牌建设和管理的企业之一。为更好地管理和运用品牌资产，中国石化从战略高度重新审视品牌架构，结合公司业务发展战略和行业特征，以主业与非主业进行区隔，明确了"单一主品牌+优质子品牌"的品牌架构总原则，即以"中国石化"单一主品牌为主的复合式品牌架构模式，仅允许少部分具备高品质、有差异化市场需求的核心产品成立子品牌。

结合业务板块品牌建设的实际情况，中国石化确定了按照"做大一批、整合一批、规范一批、培育一批"的"四个一批"原则进行业务品牌（子品牌）的管理和指导工作，渐进式推动品牌建设。其中，做大一批是指鼓励具有发展潜力和竞争优势的子品牌加大品牌建设步伐，提升品牌认知度和影响力；整合一批是指对同类型业务的不同品牌继续进行资源整合，集中力量发展重点品牌；规范一批是指针对不同业务类型的子品牌，在品牌背书方式上进行规范管理；培育一批是指针对具有高科技特点或差异化优势的要素、技术类业务或其他有发展潜力的业务进行品牌培育，提升产品竞争力和溢价能力。

以制度为依托，中国石化下发了《中国石化品牌架构管理办法》和《品牌架构管理手册》，搭建了系统化的管理规范和授权审批流程，从源头有效控制了业务品牌的数量。规范企业字号命名管理，建立新设机构和变更名称的审核机制。在《中国石化工商事务管理办法》中明确了公司名称管理规定，也明确了总部相关职能部门在审批新设企业或变更企业名称时，涉及使用"中国石化"或"中石化"字号及其对应的外文名称，须经法律部、宣传工作部审核。

（三）建立品牌架构

当前能源电力央企在品牌架构建设方面，普遍存在着以下几方面的问题：

（1）彰显企业卓越服务的核心品牌形象不突出。能源电力央企承担着保障国家能源安全、服务经济社会发展的重要责任，各企业依托主营业务，结合区域的业务特点和用户需求，培育了众多的服务品牌，但服务品牌多而不精，企业内部品牌同质化较为严重。从品牌影响力上看，在全国能叫得响的能源电力央企服务品牌较少，公众对能源电力央企服务品牌的认知不统一，未能充分体现中央企业卓越服务的价值贡献，在一定程度上降低了品牌资源的配置效率。

（2）适应科技创新发展的品牌体系亟待丰富。中央企业是我国科技创新体系建设的主力军，能源电力央企结合能源安全供应、绿色低碳转型、能源高效利用等方面，积极打造原创技术策源地，取得了很多科技创新成果。其中国家电网公司成立了新型电力系统技术创新联盟，担当现代产业链链长责任，累计获得国家科学技术奖 55 项（其中特等奖 2 项），中国标准创新贡献奖一等奖 10

项，中国专利奖金奖 10 项，专利拥有量持续位居央企第一。但从品牌建设的角度来看，未能充分将能源电力央企科技创新实力转化为社会认知，未能充分实现企业科技创新成果品牌化发展，目前仅有"特高压""华龙一号"等品牌具有一定的知名度和影响力，能源电力央企创新品牌形象未能充分建立，一批领先技术未开展商标注册和系统性宣传。

（3）支撑企业高质量践行社会责任的公益品牌合力发挥不充分。 能源电力央企积极履行"三大责任"，以推进社会总体福利最大化为目标进行企业价值创造，加强与社会各界交流合作，推动高标准履行社会责任走深走实。但总体来看，公益品牌尚未建立统一建设原则和形象塑造规范，集团层面公益品牌与各级单位公益品牌未形成同频共振、互补发展的良性机制，能源电力央企之间品牌协同效应发挥不充分，多样化的公益品牌探索实践未充分转化为社会公众认知，能源电力央企责任品牌形象未能深入人心。

能源电力央企要加强品牌架构组织管理， 规范企业品牌、技术品牌、产品品牌等与集团母品牌之间的关联，对于发展高端依赖主业或能够为主业提供强大支撑的子品牌，可以形成审批机制，形成较为紧密的品牌关系。对于集团二级以下单位创建的产品、技术、服务等子品牌，通常情况下应与上级单位的企业品牌关联，具有市场探索性、服务主业发展的品牌，可在培育初期建立背书品牌关系，待品牌发展成熟之后，视市场环境和业务需求，逐渐过渡到独立品牌关系。

同时，能源电力央企要聚焦需求，集中资源打造核心品牌体系。 围绕客户需求，聚焦能源服务典型场景，如电力检修、电力供应、综合能源服务等，对同类型的品牌进行资源整合，集中打造具有社会影响力和美誉度的服务品牌。围绕推进基础研究和关键核心技术攻关，打造新型电力系统原创技术策源地和现代产业链链长，推动具备突破性、领先性、企业独有的关键技术要素品牌化，打造能源电力央企"技术名片"。以主副品牌策略统领能源电力央企各板块公益品牌，汇集集团公益品牌优势，打造能源电力央企大公益品牌。

4.2.2 加强精准化互动化品牌传播

（一）提高精准化传播能力

有效的品牌传播建立在对公众需求的准确把握上，使公司的各种资源得到有效的整合和优化，引发利益相关方的兴趣和关注，给利益相关方留下深刻的印象，增强公众对企业价值、品牌的认同，塑造公司的品牌形象。新媒体的迅速发展深刻影响了品牌传播的内容、渠道和效果，新媒体的发展以及受众个性化差异化的诉求日趋明显，为公司品牌传播工作提出了更高要求。

能源电力央企需以利益相关方诉求为导向，构建精准化的品牌传播体系，提供定制化的传播方案。找准品牌诉求，明确自身的**经济形象**、**服务形象**、**绿色形象**、**伙伴形象**、**政治形象**、**员工形象**、**公益形象**、**国际形象**等八大品牌传播形象（见图 4-5），根据品牌接触点划分品牌传播形式，梳理相应的品牌传播渠道，充分利用各类媒体资源，创新品牌传播手段。围绕企业品牌核心价值，结合国际国内重大事件，集中传播建设新型能源体系、提供优质服务、坚持创新引领、发展清洁能源、履行社会责任等领域的品牌故事，让更多的利益相关方接收到企业品牌信息。

图 4-5　精细化品牌传播体系

能源电力央企需要结合传播渠道的特征制定灵活的传播策略。从受众的角度，根据其关注内容的不同，有针对性地调整品牌故事传播策略。例如，在**面向社区、NGO** 在内的受众进行品牌故事传播时，除了电视广播、报纸杂志、营业厅、掌上智能 App 等传播渠道外，也要认识到媒体宣传、开展公益活动、发放故事化的科普资料或者电厂参观时故事化介绍等形式的作用，传播的重点内容包括清洁能源的基本原理、安全性、优越性等。在对**用户**进行传播时，传播重点在于全业务流程中体现企业"以客户为中心、专业专注、持续改善"等核心价值观。在对包括**政府、供应商、媒体**等在内的内外部关键利益相关方进行品牌传播时，传播重点选择国家能源发展战略、企业改革发展和能源基础设施建设对地方经济社会发展带来的积极影响，如税收、就业、消费、环境治理、产业转型发展、能源转型等，以故事化的讲述方法呈现。

能源电力央企需要注重与利益相关方共同开展品牌传播。对于能源电力央企来说，通过技术、服务、社会责任活动来传播和共享品牌故事至关重要。不仅品牌所有者在传播品牌故事，而且品牌粉丝在实际享受服务、参加活动的过程中还可能发现新的品牌故事，并将它们分享到共同体中，这种力量也会发挥作用，体现企业是个愿倾听、善沟通的大国央企形象。

（二）品牌传播受众需求

能源电力央企主要面向的受众包括政府、股东、用户、伙伴、员工、公众和媒体。在品牌传播的规划中需要关注企业与不同受众群体的关系，以及他们对企业的不同认知与需求，为提高品牌传播的针对性和有效性，合理地分配传播资源，公司须对不同受众给予不同程度的关注。

政府：政府一直是能源电力央企重点关注的传播对象。政府看重的是能源电力央企的专业能力和社会责任感，并且能源企业也需要具备创新和前瞻的意识，以及良好的企业声誉。

用户：用户也是能源电力央企需要关注的传播对象。用户关注的是安全可靠的能源供应、优质的服务以及透明运营。

伙伴：伙伴对能源电力央企有品牌需求。伙伴关注的是企业的专业能力、社会责任和企业声誉。

员工：员工是能源电力央企品牌形象的代表者与传递者，需要加强对品牌核心价值的理解与认同，建立与品牌形象要求相匹配的认知与行为。员工主要关注员工发展、公司治理、党的建设等议题。

公众：公众目前对能源电力央企品牌有一定了解，但认知水平存在优化空间，国际上品牌做得好的能源企业如法电、壳牌，国内如中广核等企业非常关注与公众建立情感连接。将公众作为企业品牌传播的重点关注对象，集中传播资源，运用大众传播手段，广泛建立社会公众对企业品牌的认知与偏好。

媒体：媒体是品牌传播的参与者，是不同传播活动的渠道和载体，需要针对媒体的不同定位来进行资源的投放。

品牌传播的内容是品牌所希望在目标受众当中建立的联想和特点，是品牌核心在不同维度的显现。

不同受众对品牌特质的需求重点见表 4-1。

表 4-1　　　　　　　　　不同受众对品牌特质的需求重点

受众	责任	清洁	安全	透明	专业	创新
政府	★★★★★	★★★	★★	★★★	★★★★	★★★★
用户	★★	★★	★★★★★	★★★★	★★★★	★★★
伙伴	★★★	★★	★★	★★	★★★★★	★★★★
员工	★★★★	★★	★★★	★★	★★★	★★
公众	★★★★★	★★★	★★★	★★★★	★★	★★
媒体	★★★★★	★★	★★★	★★★★	★★	★★★

（三）讲好一流品牌故事

聚焦企业主责主业，立足基层一线，把握好创作起点、主题表达、品牌角色、故事结构和传播载体等一流品牌故事核心要素，全面系统创作和传播品牌故事，明确品牌故事创作和传播的出发点和着力点，把"企业想讲的"变成"受众想听的"，把"受众想听的"融进"企业想讲的"。

（1）开展项目化运作。优化品牌故事创作方向、划分故事类型、规范故事项目化运作三个方面，要有利于表达好企业理念、有利于提升企业品牌形象和美誉度，有利于推进不同阶段中心任务、有利于增强内部凝聚力、有利于强化全员品牌理念认同、有利于孵化优秀品牌故事，提升品牌故事质量水平。利用大数据的思维来管理品牌故事，每一个品牌故事可以按照传播主体、故事主题、表现形式、使用场景、传播对象等维度进行归类，在不同的需求场景下可以根据"标签"搜索出适配的故事素材。

（2）推进一体化管理。重点在一体化组织体系、运转机制两个方面，形成规范的决策层、专业层、员工层"三层"品牌故事运转机制，实现制度、流程、标准的统一，集团与基层上下协同，为项目化运作和精品化集成提供了保障。建立集团品牌故事创作工作的领导机构，负责品牌故事创作项目的组织协调、工作指导、督导检查、考核验收等。贯通专业领域，推进跨部门、跨专业工作协调，发挥基层员工创造活力，实施规范、动态管理。

（3）推进精品化集成。重点在确立精品标准、汇集精品资源和优化精品成果三个方面，建立良性的成果转化机制。确立符合企业理念和战略目标要求、展现企业品牌理念、富有科技性感染力的精品标准，汇集品牌故事的典型实践成果、优秀传播案例、影响力故事作品。加强宣传，参加全国品牌故事大赛、中央企业品牌故事大赛等全国性赛事，广泛宣传推广品牌故事优秀成果，进一步提升能源电力企业品牌的美誉度和影响力。

（4）实施精准化投放。充分认识当前传播渠道的用户类型和表达形式，使企业的各种资源得到有效的整合和优化，引发政府、媒体、股东、公众、客户、员工、伙伴等利益相关方的兴趣和关注。明确各类媒体的传播目标平台和目标受众，制定推广计划，运用多种传播手段，从多角度、多方面对能源电力企业品牌故事进行传播，更加丰富、立体地呈现企业品牌口碑、品牌文化、服务品质等。

（5）实现平台化运维。充分发挥平台支撑作用，推动"报、网、端、微、屏"等媒体互联，打造品牌故事信息化管理平台，以信息化手段支撑品牌故事项目化运作、一体化管理、精品化集成和精准化投放管理机制得以落地。主动对接社会媒体、内外融合、协同传播、把故事内容生产、品牌传播与用户体验紧密结合，畅通受众反馈机制，实现人员互联，不断提升品牌影响力。

4.2.3　完善以用户为中心品牌体验

（一）优化品牌体验模式

（1）聚焦硬实力和软实力两个维度。

硬实力： 以用能服务品质为导向，增进客户对能源电力央企能源供应可靠性和稳定性的感知。以服务品质体验为导向，在服务终端通过品牌自触点传输品牌理念，并针对客户需求制定差异化的品牌体验。以科技创新为导向，提升社会公众对能源电力央企在科技创新领域贡献的知晓和认同。

软实力： 以品牌形象认知为导向，在企业运营的每个环节，将企业的品牌符号、形象画面在服务环境、基础设施等多个环节和场景中加以呈现。以品牌文化体验为导向，传播品牌理念，讲述品牌故事，搭建公众与品牌情感连接，提升品牌文化共识、行动体验。以促进社会实践为导向，带动社会各方参与到品牌的社会活动中，感受企业品牌的综合价值内涵。"两种"核心实力见图 4-6。

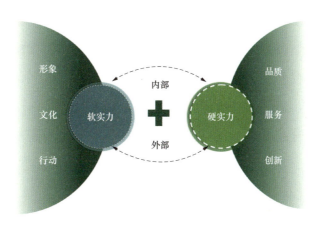

图 4-6　"两种"核心实力

（2）建立"四全"工作体系。**全员参与**。通过理念融入、岗位融入、考核融入的融入体系，建立全员参与的品牌体验建设工作体系。**全程管控**。建立起跨部门、跨职能的全过程管控体系，对利益相关方体验的全过程全环节进行监管控制，畅通受众反馈机制，改善提升体验环节，实现快速迭代、更具柔性的流程管控。**全息呈现**。充分结合真实场景和虚拟场景，利用 VR、AR 等信息技术和人工智能领域新技术，打造沉浸式体验场景，创造立体化、个性化品牌体验方式，充分提升利益相关方的互动体验，展现富有时代精神、充满活力的公司品牌内涵。**全效体验**。以利益相关方的体验为导向，制定差异化、互动化的品牌体验方案，丰富品牌体验方式，拓展品牌体验渠道，实现业务、活动、场馆等各种场景效果，全方位、立体化、多层次地展现公司品牌内涵。

通过理念层、实践层、接触层三个维度的体验路径，推进品牌理念落实到企业价值创造的品牌体验实践，在不同场景中创造绝佳体验，让公众在接触中感知、认同企业理念和价值，形成品牌对价值创造过程的引领，价值创造过程对品牌理念的支撑。

从理念层，在体验实践中输入品牌理念。在品牌体验设计和实践中，确保品牌理念植入体验实践，让受众在接触中实现情感连接和价值共享，感知和认同企业品牌。

从实践层，推进业务与品牌融合。通过品牌体验将公司品牌理念落实到具体业务中，从形象、品质、服务、创新、文化、行动等方面进行融合，通过不断优化、培育，为受众提供"形象出众、品质可靠、服务卓越、创新领先、文化用心、行动专业"绝佳品牌体验感。

从接触层，提升品牌理念感知。重点从满足用户基本需求、连接用户情感、输出文化价值方面，细分出差异化品牌体验场景。基于场景，从受众、时刻、触点、内容方面，梳理和制定"品牌体验受众识别图""品牌体验接触点识别图"，准确地洞察该场景下利益相关方的需求整合各类资源去解决受众体验过程中的痛点问题，创造美好体验。

（二）构建品牌体验场景

功能满足型场景，用以满足用户对于企业某产品或服务的基本需求。如电力服务大厅的桌椅等设施安排，为的是满足顾客等待需要；用能缴费等软件的浏览和交易界面设计，为的是满足用户的购买便利等。此场景下，受众能够感知的主要是品牌的理性价值，其往往不会特别关注场景功能，而是聚焦于产品或者服务的质量。当此类场景的特性不充足（不满足受众需求）时，受众很不满意；当其特性充足（满足受众需求）时，受众也可能不会因而表现出满意。

情感连接型场景，指通过设计特定的场景迎合并唤起受众感官、机体、心理以及精神等方面的感受，从而形成人与场景的连接互动。

价值共振型场景，受众对企业的品牌价值有更深的认识，并进一步与企业品牌理念达成高度共识。如国家电网公司牵手奥运，成为"双奥"电力企业，践行绿色办奥理念，大力推动绿色电力交易，为北京冬奥会、冬残奥会提供安全可靠、绿色清洁的电力服务等。此场景下，受众对品牌价值的敏感度最高，品牌能够从精神层面影响和引领受众。

（三）建立品牌体验地图

体验触点是受众接收企业品牌信息的主要来源，也是企业品牌体验管理的重要途径。体验触点既包括企业自发的品牌传播与人们发生品牌接触和互动的部分，如产品、服务、员工、公关活动等；也包括通过第三方与人们发生品牌接触和互动部分，如媒体、合作伙伴、社会口碑、政府评价等（见图 4-7）。

触点识别。企业可以与公众互动的接触点除新闻宣传和品牌传播活动外，更多的是覆盖运营环节，包括营业厅、电话客服、维修人员、移动应用等，每一个接触点都有可能会影响到客户对企业的品牌形象评价。通过品牌接触点，能够高效把控品牌体验路径，赋予利益相关方多元化的体验方式，传递品牌正能量。因此，可从自触点和它触点两个层面梳理不同体验场景下的品牌接触点，梳理和制定"用户旅程地图"，有序开展品牌体验管理工作。

触点优化。从受众全流程中的"关键触点"开始，通过基于运营数据和受众调研的分析，找出受众在体验中的"痛点"，并进行优先级排序，优先改造那些影响关键业务环节的体验（见图4-8）。同时，还需要在受众旅程中创造一个或多个受众"尖叫点"，以带来更好的受众体验，创造口碑传播的积极元素。

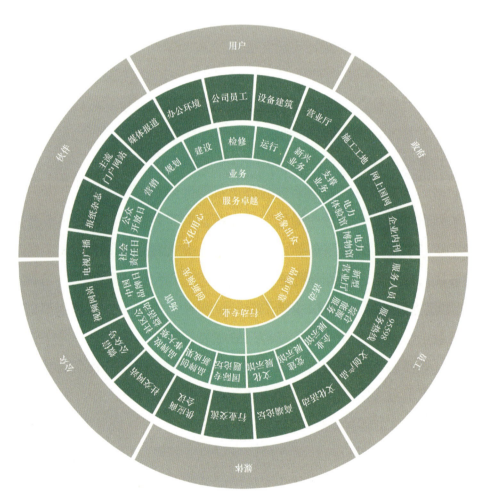

图 4-7　品牌接触点地图

触点延伸。受众不仅日渐习惯于获得最佳受众体验，还将满足且超越预期视作理所当然。当每个品牌都提供好的产品和服务时，受众就不会再有兴致主动去探索某个品牌、某个产品，取而代之的是受众在自己的生活场景中"被触达"或"被吸引"。

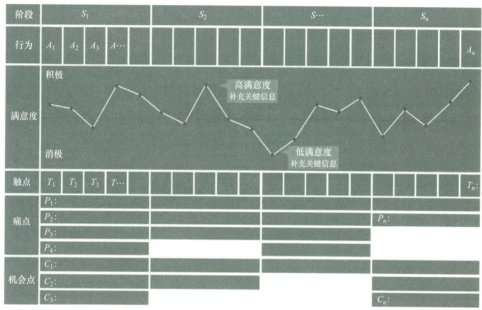

S：体验阶段 A：行为 T：触点 P：痛点 C：机会点

图 4-8 品牌体验触点优化机制图

（四）【案例】国网江苏省电力有限公司组织"电力橙"品牌活动

国网江苏省电力有限公司在中国品牌日策划了"一同来电，能靓未来"影响力活动。活动从受众体验出发，结合受众属性，开展了差异化体验活动。面向 C 端受众（如能源消费者），上线"一同来电"小程序，利用运动感应，让受众体验风能、光能、水能、热能等发电方式，所产生电力将转化为"电力橙"，用于兑换电费或捐赠。面向 B 端受众（如能源供应者、政府部门等），邀请能源界意见领袖、政府、国际企业等相关方代表开展"零碳对话"，邀请社会各界人士参观同里区域能源互联网示范区，向受众展示国家电网公司"三型两网"战略在江苏的落地实践。活动吸引各界媒体的高度关注，相关微博话题阅读超过7000 万次，新媒体观看超 1 亿次，点赞达 1000 万，形成品牌日期间的"爆款"活动和现象级传播。

4.2.4 规范品牌资产创建和保护

（一）选择品牌元素创建品牌资产

品牌元素也称品牌特征，指用以识别和区分品牌的商标设计，主要的品牌元素包含品牌名称、标识、符号、代表形象、品牌口号、包装等。根据公司品牌生态系统中的不同主体，构建选择品牌元素的标准，选择相应的品牌元素，强化利益相关方的品牌认知性，形成其对公司品牌的联想，从而创建品牌资产。选择品牌元素进行品牌资产创建的标准主要包含六条，分别是：

可记忆性：容易识别、容易回想；

有意义性：描述性、有说服力；

可爱性：富有乐趣、富有视觉和听觉形象；

可转换性：适用于不同品类、不同区域、不同文化；

可适应性：灵活、可更新；

可保护性：法律角度可保护、竞争角度不易被模仿。

可转换性的含义包含两个方面，一是品牌元素在多大程度上能增加新产品的品牌资产，即品牌元素对产品/服务以及品牌延伸起到的作用有多少，以品牌名称为例，品牌名称越宽泛，越容易进行品类之间的转换，反之则不容易进行延伸；二是品牌元素在多大程度上能够增加区域间和细分市场的品牌资产，这在一定程度上取决于品牌元素的文化内涵和语义效果。

可保护性是选择品牌元素的一个重要方面。从法律角度来讲，应该选取在法律范围内受保护的元素，同时及时对品牌元素进行注册，防止商标等品牌元素受到侵权。从竞争角度来讲，应该在品牌的名称、设计等元素上选择不易被模仿的元素，否则品牌将失去独特性。

（二）利用次级杠杆创建品牌资产

利用次级杠杆创建品牌资产，主要通过将品牌和公司、国家或者地理区域（通过对品牌产地进行识别，如"中国高铁""中国建筑"品牌的塑造）、渠道、其他品牌（如通过品牌联盟）、特色、代言人（如国网天津市电力公司以张黎明为企业品牌代言人）、事件（重大活动、公益、赞助等，如冬奥会合作伙伴等）等能将意义传递到相关方记忆中的相关实体（如人物、地点、事件）相关联，进一步强化品牌形象（见图 4-9）。

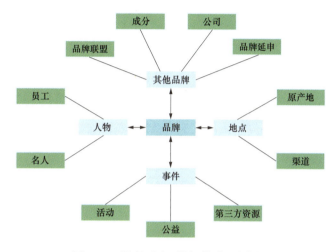

图 4-9　品牌次级联想的主要来源

　　利用品牌的次级杠杆效应是创造、强化品牌的差异性，或者使相关方对品牌产生与相关实体类似联想。当选择具体的个人、地点或事件作为实体时，必须考虑利益相关方对该实体的认知、联想、判断或者感受，因为这些都会与品牌发生关联，进而影响既有的品牌联想。

（三）加强品牌资产保护

（1）加强品牌形象保护。品牌的形象保护是品牌保护的灵魂。品牌形象蕴含着品牌的个性、价值、文化等因素，是企业重要的无形资产，也是品牌竞争力的综合体现。品牌的形象保护包括以下几个方面：首先，要借助整合营销传播的方法，协调各种传媒资源，以独特的表现形式、时尚多变的广告语言，强化消费者对品牌个性的认同，维持品牌在消费者心中的地位。其次，通过企业形象识别系统 CIS 与顾客满意工程对原有的品牌形象进行重新整合。再次，持续进行对品牌文化资源的培育、保护与传播，使品牌文化能够不断创新，并具有时代精神。最后，应借助舆论领袖超前使用者的形象与消费倾向以及合作者的品牌魅力，扩大对目标顾客的影响面。此外，应积极参与公益宣传活动，传播品牌文化，努力丰富品牌的形象。

（2）品牌的延伸保护。延伸保护是品牌保护的战略支柱。在竞争日益激烈、开发新品牌成功率低的市场背景下，品牌延伸越来越受到企业的重视，并成为它们保护品牌的重要手段。品牌的延伸有以下几种方法：一是单一品牌延伸。即延伸产品与原产品的品牌完全一样。二是在主品牌不变的前提下，为延伸产品增加副品牌。三是以原品牌为基础，将它稍作变化或将它与别的文字结合起来，组成一个或多个与原品牌既有区别又有联系的品牌。

（3）品牌的创新保护。创新保护是品牌保护的核心策略。品牌的创新保护指通过品牌保护手段的创新与品牌的技术创新、市场创新、文化创新与管理创新等方法来保护品牌的市场地位。品牌的创新保护策略包括以下几个方面：一是在产品同质化严重的情况下，发现与利用品牌所覆盖的产品的新功能、新用途，使品牌不断延长自己的寿命。二是进军新市场。将处于成熟期的某品牌产品引入一个全新的市场，从而赋予品牌更丰富的内容。三是通过不断增加消费者所看重的服务，突出与对手的差别，在较高程度上满足消费者的欲望，提高顾客满意度与品牌忠诚度。四是不断强化对核心能力的控制，适时实现品牌核心能力的跃升，并不断扩大核心能力的内涵与外延。

（四）【案例】华润集团：构筑品牌发展的"护城河"

"华润"作为一个具有深厚历史积淀的企业品牌，凝聚了数代人孜孜不倦的艰辛努力，其商誉和价值是十分巨大和宝贵的。多年来华润（集团）有限公司简称（华润集团）持续探索和完善"华润"字号和商标保护体系，积极运用法律和行政手段，打击商标侵权及不正当竞争行为，但仍有大量与华润无投资关系的企业成功注册"华润"字号，且华润集团业务覆盖面较广，所需要保护商标类别繁多，基本覆盖了全类别，但经常有带"华润"字样的新申请商标通过初步审查，特别是在"华润"被认定为驰名商标后，以上情况仍是屡见不鲜。

华润集团明确把"积极进行知识产权保护"作为集团的一项基本任务，提出"善兵刃、提效率、多方位、联合推进知识产权保护工作"。为全面掌握侵权信息，华润集团通过不断完善丰富监测工具，加强在线监测和市场巡查，及时发现知识产权侵权行为；多年来面向全国、持续开展侵权监测工作，逐步建立起全方位的监测机制（天眼查监测、网络检索与舆情监测、内外举报监测），监控侵权"华润"字号商标的动态。2020 年进一步加强网络监控，对天猫、淘宝、京东商城、出行类 App、网上广交会及抖音等网络平台开展监控，并重点对公众号进行梳理监控。通过"商洽-投诉-诉讼"一体化维权举措，有效的协同维权与代办维权机制，构建了华润集团知识产权保护的"护城河"。

4.3 构建协同共享品牌生态体系

在全球能源转型的背景下，传统能源行业正面临深刻变革。可再生能源的崛起、智能电网的快速发展以及电力市场的日益开放，促使企业必须重新审视其品牌战略和生态系统。随着消费者对环保和可持续发展的关注增加，品牌的社会责任和技术创新能力成为企业竞争的关键要素。在这一背景下，构建一个健康的品牌生态系统，不仅有助于提升企业的市场地位，还能推动整个行业的可持续发展。因此，深入探讨品牌生态在能源电力行业中的应用与发展，将为企业应对当前挑战和抓住未来机遇提供重要的理论基础和实践指导。

4.3.1 品牌生态系统结构分析

品牌生态系统结构是指系统要素之间相互联结的方式，包含品牌价值结构、品牌生命结构、组织生态结构、品牌关系结构等，各系统结构的分工与协作，构成各种品牌在存在意义上的完整性。

（一）生态系统价值结构

价值作为品牌资产的根源，揭示了品牌资产形成的动态过程以及各个构成要素间的作用机理，企业开展品牌建设的最终目的是通过品牌价值的市场转化为企业带来高附加值、可持续的发展，因此，使价值转化为资产，才是品牌的终点所在，也是品牌的内在本质与发展规律。

以品牌价值到品牌资产的转化路径为核心主线，基于企业个体构建公司品牌生态系统的价值结构，其结构从内到外分为六层，分别是理念层、实践层、组织层、应用层、协同层、渗透层、环境层（见图4-10）。

理念层+实践层+组织层+应用层是企业品牌价值的创造环节。在公司品牌核心理念的引领下，企业组织的各级人员通过协作将企业拥有的核心技术、资源等转化为高品质的产品或者服务，使品牌理念在业务中落地，转化为相关方的利益，由此创造出价值（理性价值、感性价值、象征性价值），以及价值的载体如企业品牌、业务品牌、服务品牌、产品品牌……

协同层是品牌价值的提升环节。企业以品牌为支撑占领产业链的制高点，整合产业链的优质资源，通过产业链协作，赋予品牌高附加值、可持续的竞争力量，从而使品牌价值得到提升。

渗透层和环境层是企业的品牌价值转化为品牌资产的环节。企业通过品牌传播、品牌体验等手段让相关方通过企业所说和企业所做感知企业的品牌价值，从而在相关方心中植入企业理想的品牌形象，提升品牌的美誉度，实现品牌价值的资产化。

（二）品牌生态系统关系结构

能源电力央企品牌生态系统的关系结构是从影响企业品牌的相关品牌、利益相关方等关系要素出发进行构建，包含企业品牌与相关品牌之间的关系、品牌与利益相关方之间的关系（见图4-11）。

能源电力央企的品牌关系体系可以从企业外部、内部、市场角色与组合作用等四个方面构建关系主体。从企业外部来说，有公司品牌与相关供应商品牌、制造商品牌、竞争者品牌、中间商品牌、个人品牌、影响者品牌（如产业品牌、地方或国家品牌）等之间的关系；从企业内部来说，有公司品牌与子公司品牌、

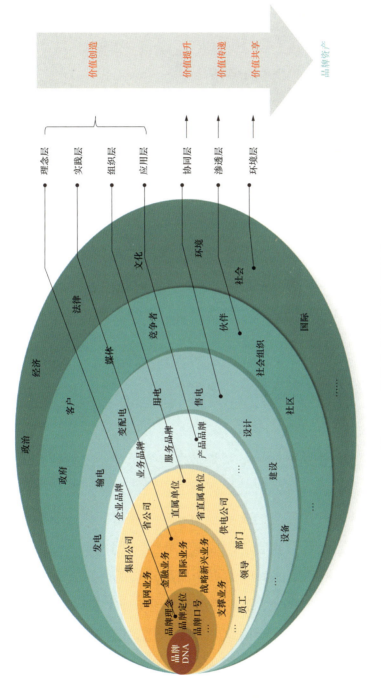

图 4-10　品牌生态系统的价值结构

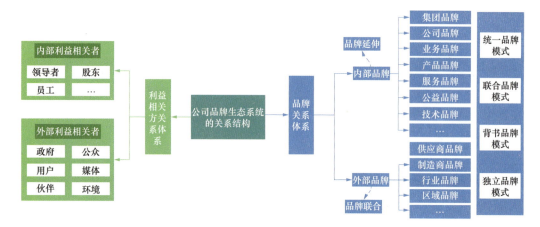

图 4-11　品牌生态系统关系结构

业务品牌、产品品牌、服务品牌等之间的关系；从产品市场的角色来说，有托权品牌与受托品牌、主品牌与副品牌、驱动性品牌与描述性品牌等之间的关系；从组合作用来说，有战略性品牌、关键品牌、银弹品牌和金牛品牌等之间的关系等。

4.3.2　全面品牌生态管理

（一）外部宏观生态系统分析

品牌生态系统的外部宏观生态系统是指与公司及所处行业有关的政治、经济、社会文化、科学技术等外部宏观环境因素，决定了品牌培育的方向，准确把握品牌建设的外部宏观环境的发展趋向和基本脉络，积极研判和防范化解各种挑战和风险，才能更高质量地做好品牌生态建设工作。

运用 PEST 分析模型对能源电力央企品牌建设的外部宏观生态系统进行分析。PEST 分析模型是研究国家、企业等组织发展所处宏观环境的理论模型，可以分为政治因素（Political）、经济因素（Economic）、社会因素（Social）、技术因素（Technological）。基本内涵是将组织发展置于政治、经济、社会、科技等要素影响的广阔视角下进行综合分析，从而确定组织生存和发展战略（见图 4-12）。

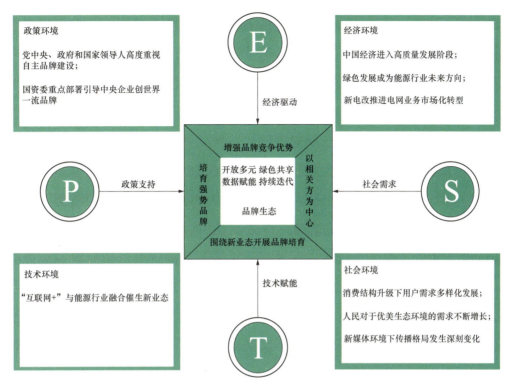

图 4-12　能源电力央企外部生态 PEST 分析

通过外部宏观环境系统的分析，找准能源电力央企品牌生态建设的大方向：聚焦利益相关方需求，以培育强势子品牌为重要抓手，以为社会创造价值循环、为用户提供价值体验、广泛赋能生态伙伴为目的，以开放多元、绿色共享、数据赋能、持续迭代为典型特征的品牌生态。

（二）外部微观生态系统建设

品牌建设是要在企业发展过程中，以培养社会公众对于能源电力央企品牌形象的积极正面认知作为基础，重点寻求与政府、媒体与意见领袖、合作伙伴、重要客户等关键群体之间价值认同、相互理解、支持合作的良性互动。能源电力央企品牌生态的主要利益相关方包含政府、媒体、客户、公众、伙伴和生态环境，维护"六个关系"是企业开展品牌生态建设的基本要求，制定建立"**联系紧密、信任支持的政府关系，信赖满意、价值认同的客户关系，常态沟通、良好融洽的媒体关系，真诚开放、平等互惠的公众关系，增值分**

享、共赢共生的伙伴关系，和谐共处、持续发展的生态关系"外部品牌生态关系目标。

（三）内部生态系统建设

在品牌生态建设的不同阶段，聚焦"五个系统"，不断丰富企业品牌理念，推动理念与业务融合，使其在业务中落地，转化为相关方的利益，由此创造出企业品牌价值，并通过品牌传播、品牌体验等手段让相关方通过企业所说和企业所做感知企业的品牌价值，从而在相关方心中植入企业理想的品牌形象，提升品牌的美誉度，实现品牌价值的资产化。

（1）培育高附加值子品牌。以战略性新兴产业品牌培育作为新的经济增长点，将核心品牌价值迁移到新的业务中，在品牌运营层面的研发、渠道、采购等领域的协同支持下，不断培育新品牌，实现新品牌与核心品牌的族群式发展，同时品牌的族群式发展不断地完善和提升现有品牌的协同能力，从而实现品牌培育和品牌协同互为支撑和互相带动的品牌族群培育机制，不断丰富核心品牌的价值积累。

（2）发挥要素驱动作用。增强创新"第一动力"、强化管理"永恒主题"、释放数据"倍增效应"、激活人才"第一资源"，着力培育以科技创新、精益管理、数据赋能、人才建设为品牌定位的技术、管理、解决方案、团队、个人等要素品牌，为推动能源电力央企高质量发展、加快建设世界一流企业提供不竭动力。

（3）搭建平台价值网络。根据能源电力央企产业布局，在相应业务板块推进品牌族群的架构与培育，实现品牌与细分市场、品牌族群与业务板块、品牌生态圈与电力产业链的融合发展，为打破边界实现品牌共创建立良好的共创基础和必备的支撑条件。进一步完善平台的价值网络构建，引进共创机制，为其他利益相关方提供平台型支持。以平台价值网络为基础，与组织内外部的相关者共创品牌，持续推进品牌族群架构的完善，同时，随着品牌族群成长架构的完善，为品牌共创提供良好的环境保障。

4.3.3　完善品牌生态圈机制

在构建品牌生态圈的过程中，建立合作共赢模式至关重要。这种模式强调各方利益相关者之间的紧密合作，通过资源共享和优势互补，实现多方共赢。电力央企应积极与消费者、供应商、政府机构和行业协会建立稳固的合作关系，以确保在品牌价值提升的同时，满足各方的需求和期望。通过协同创新和共同发展，品牌生态圈不仅能推动企业的可持续发展，还能促进行业的整体进步。

（一）建立合作共赢模式

在能源电力行业中，构建合作共赢的模式是提升整体竞争力的关键。通过多样化的合作模式，如产业联盟、战略联盟等，企业可以共同开发市场、共享客户资源，从而实现优势互补和协同效应。产业联盟可以将多个企业在特定领域内的资源和技术整合起来，形成强大的合力，共同应对市场挑战。战略联盟则可以通过长期的合作关系，确保各方在技术、市场和品牌等方面的一致性和协调性。

国内外合作也是提升全球影响力的重要途径。与国内外电力企业建立战略合作关系，不仅可以共同开拓国际市场，还可以引进国际先进的技术和管理经验。这种国际合作有助于国内企业在全球范围内树立品牌形象，提高其在国际市场的竞争力。此外，通过资源整合，企业可以实现优势互补，提高整体竞争力。一些企业在技术研发方面具有优势，而另一些企业在市场营销或供应链管理方面有丰富的经验，通过合作，双方可以取长补短，共同推动行业发展。

（二）强化社会责任共建

社会责任承担是现代企业不可或缺的一部分。电力企业在抢险救灾、弱势群体帮扶等方面的积极参与，不仅展示了企业的社会责任感，也增强了公众对企业的信任和支持。在自然灾害发生时，电力企业迅速响应，恢复供电，保障受灾地区的正常生活秩序，这样的具体的社会责任承担行动能够显著提升企业的社会形象。

可持续发展也是企业必须关注的重点。积极参与和支持可持续发展的倡议，发布可持续发展报告，透明地展示企业在环保和社会责任方面的努力，有助于增强企业的公信力。企业可以通过减少碳排放、推广清洁能源等方式，为环境保护作出贡献。同时，定期发布可持续发展报告，详细说明企业在节能减排、资源利用等方面的具体措施和成果，使利益相关者更加了解企业的实际行动。

公众参与是提升企业社会影响力的有效手段。鼓励公众参与企业的环保和社会责任活动，不仅能增强企业的社会影响力，还能促进社会各界对环保和社会责任的认识。企业可以举办公益活动，邀请志愿者参与植树造林、环保宣传等活动，传递企业的价值观，增强消费者的情感认同。

（三）推动品牌共建

集体品牌建设是提升整个电力行业形象的重要方式。通过集体品牌建设活动，可以打造具有国际竞争力的品牌集群。例如，行业协会可以组织行业内的企业共同参与品牌建设活动，制定统一的品牌标准和宣传策略，形成一致的品牌形象。在提升品牌的知名度的同时增强整个行业的国际竞争力。

品牌联合推广是另一种有效的品牌建设方式。与其他企业联合推广品牌，共同参加行业展会、论坛等活动，可以提高品牌的曝光度。多家电力企业可以联合参展，展示各自的技术和产品优势，以共同的宣传活动吸引更多潜在客户，从而降低单个企业的宣传成本，形成规模效应，提高整体品牌影响力。

品牌故事传播是增强消费者情感认同的重要手段。通过讲述品牌故事，传递企业的价值观和使命，可以使消费者对企业产生更深的情感联系。企业可以分享在技术创新、客户服务、社会责任等方面的真实案例，通过真情实感的故事展示企业的核心价值观和文化，提高消费者的忠诚度，进一步巩固品牌的市场地位。

（四）创新生态系统

开放创新生态系统是推动技术进步和行业发展的关键。鼓励创新思维和技术的应用，构建一个面向整个电力行业的开放创新生态系统，可以吸引更多创新资源的加入。企业可以设立开放式创新平台，邀请科研机构、高校和其他企业共同参与技术创新项目。通过这种开放式的合作汇集多方智慧，加速新技术的研发和应用。

激励机制创新作为激发员工创新活力的重要手段，亦是创新生态系统的重要一环。建立创新激励机制，鼓励员工提出创新想法和解决方案，可以为企业带来更多的创新机会。企业可以设立创新基金，支持员工开展创新项目，并对取得显著成果的团队和个人给予奖励。通过建立完善的激励机制激发员工的创新热情，提高企业的创新能力。

创新合作作为创新生态系统中的重要组成部分，已经成为解决行业难题的重要途径。与科研机构、高校和其他企业开展创新合作，可以共同解决行业面临的挑战，推动技术进步。电力能源企业可以与高校合作，共同开展前沿技术研究；与科研机构合作，进行关键技术攻关；与其他企业合作，共享研发成果。通过这种多方位的合作，可以加速技术创新的速度，提升整个行业的技术水平。

（五）【案例】海尔集团："黑海战略"引领品牌生态化转型

海尔集团公司（简称海尔集团）成立于 1984 年，历经 35 年的不懈发展，从一家仅生产电冰箱的街道小厂发展成家电制造领域的巨擘，再致力于成为全球领先的美好生活解决方案服务商。其旗下的海尔智家已连续 12 年蝉联欧睿国际全球大型家电零售量第一，卡奥斯 COSMOPlat 是全球三大工业互联网平台之一。"海尔"作为全球唯一的"物联网生态品牌"，全球影响力和品牌价值持续提升，已连续三年入选 BrandZ 最具价值全球品牌 100 强。

传统的产品品牌和平台品牌是零和博弈，既无法让各方共享增值，也难以满足用户的个性化需求，乘着物联网时代的东风，海尔集团积极探索生态品牌的打造，通过构建开放的生态体系，与生态方一起围绕用户需求进行共创，从而实现生态的持续进化和体验的迭代升级。2013 年以来，伴随物联网技术对商业模式和管理模式的不断重塑，"创建物联网时代管理的新模式"成为海尔集团管理探索与战略变革的核心主线。2019 年海尔集团正式发布生态品牌战略——"黑海战略"。从 2013 年到 2019 年，海尔集团在战略定位上逐渐从产品型企业向生态型企业转型，其目的是构建以增值分享为核心机制，由生态伙伴共同进化的商业生态系统。

4.4　加快推动品牌国际化

4.4.1　积极开展海外子品牌布局

（一）强化海外特色子品牌培育

基于能源电力央企在海外项目、公益、文化三个层面积极打造一系列品牌活动，梳理相关品牌资源，与集团层面相对应的子品牌进行融合，打造适合对外传播且具有鲜明形象标识的特色品牌，依托多元化的特色品牌更好赋能公司品牌国际化发展，增强品牌正向联想度，提高公司品牌价值和品牌影响力，助力能源电力央企更好地拓展国际市场。一是实施要素品牌战略，推动关键技术要素品牌国际化。要素品牌战略一般是指应用在 B2B 领域的关键要素产品引入到最终成品消费品市场，并通过为要素打造品牌，由此赢得知名度的战略。如 Intel 处理器、利乐包装、杜比等。因此，能源电力央企可以持续挖掘关键技术要素，推动具有国际领先水平的关键技术要素（如特高压、柔性直流等）品牌化，以品牌建设赋能技术成果转化和推广应用，探索打造能源电力央企的"技术名片"。二是加强"一带一路"核心工程的品牌化运作，提升品牌国际影响力。能源电力央企要以服务"一带一路"建设为核心，推动企业产品品牌、工程品牌、服务品牌走出去，加强核心技术、工程项目的品牌化运作，分批培育核心技术品牌、精品工程品牌，例如国家电网公司巴西美丽山一/二期特高压输电工程、巴基斯坦默拉直流输电工程、土耳其凡城 600MW 背靠背换流站工程等，塑造能源电力央企科技领先、规范运营、可持续发展的品牌形象，提升品牌国际影响力。

（二）开展国际商标体系研究

结合能源电力央企海外业务开展情况，加快开展马德里商标国际注册和业务目标国商标注册，防范海外商标抢注或侵权行为，必要时利用法律武器进行维权，为能源电力央企品牌国际化运营保驾护航。国际商标注册主要有三种途径，包括马德里国际注册、单一国家注册（逐一国家注册）、欧盟商标注册。

马德里国际注册是指根据《商标国际注册马德里协定》或《商标国际注册马德里协定有关议定书》的规定，在马德里联盟成员国间所进行的商标注册。任何成员国的申请人在本国注册商标后（基础商标注册），均可以通过本国商标主管机关向世界知识产权组织（WIPO）国际局申请该商标的国际注册，在所有成员国中，可以指定几个或全部国家予以保护，注册期限为 10 年。截至目前，马德里体系共有 114 个缔约方，覆盖 130 个国家，这些成员代表了世界贸易的80%，而且有潜力随着成员增加而扩大。

单一国家注册是指直接或者委托各国代理机构向各个国家/地区商标主管机关分别递交注册申请的注册方式，也称逐一国家注册，是国际商标保护最常用的一种方式。这种方式依据的是巴黎公约，即属于巴黎公约保护方式。中国企业可以到巴黎公约成员国或与我国签订有商标注册互惠协议的国家逐一注册。各国规定的注册期限不同，多数国家规定为 10 年。

欧盟商标注册是指通过欧盟下属的内部市场协调局在欧盟国家统一申请注册保护的注册方式，商标获得注册后，将在欧盟 27 个成员国受到保护，注册期限为 10 年。

通过对比以上三种国际商标注册方式（见表 4-2），马德里国际注册方式在价格上有绝对的优势，但由于马德里国际注册存在遭受"中心打击"的风险，其效力将波及国际注册所有指定国家，即该商标的国际注册也会随之失去效力。若要通过马德里注册方式办理申请，最好选择已经在中国获得注册的商标作为提交的基础，可以降低因为基础商标被驳回、被异议而导致国际注册被撤销的风险。**整体而言，对于国内有稳定的基础注册，或者经过查询后显示获准注册概率较高的商标来说，则尽可能采用马德里注册的方式；相反，对于国内没有基础注册，或者经过查询后显示获准注册的阻碍较多的商标来说，选择单一国家注册的方式更安全、灵活。此外，仅需要在欧盟国家进行商标注册的企业，欧盟商标注册更具优势。**

表 4-2　　　　　　　　　三种国际商标注册对比

对比项目		马德里国际注册	单一国家注册	欧盟商标注册
基本条件	申请基础	必须先在原属国商标主管机关进行基础注册或基础申请	不需要原属国的基础注册	不需要原属国的基础注册
	注册期限	10 年	大部分国家注册期限为10 年	10 年
	覆盖范围	覆盖马德里联盟 114 个缔约方，130 个国家	参与单一国际商标注册制度的国家或地区	覆盖欧盟 27 个国家
优势		（1）手续简便。仅需一份申请即可进行全球多个国家商标注册。（2）费用低廉。总费用一般均低于单一国家注册费用，同时选定的成员国越多，所需费用越少。（3）耗时较短。申请人从向商标局提交商标国际注册申请书之日起，一般 6 个月左右即可取得世界知识产权组织（WIPO）国际局颁发的商标国际注册证明。（4）后续程序操作简便。后期指定、变更、续展等，操作更加简便，费用也更低廉	（1）维权方便。注册成功后能够得到该国官方核发的注册证，遇到侵权问题能够及时出具专用权证明，避免损失扩大。（2）注册范围广泛。相对于马德里国际注册的范围，单一国家注册可以在全球两百个左右的国家和地区进行	（1）费用低。申请注册一次，即可在欧盟的 27 个成员国使用该商标，相较逐一注册申请的费用低很多。（2）保护集中。注册商标可以获得欧盟成员国的保护，有关商标案件的裁决将在欧盟所有国家得到执行
劣势		（1）权利不稳定。马德里国际注册申请必须基于国内的商标申请或注册且受制于"中心打击原则"；马德里商标注册申请 5 年内，其在原属国的	（1）费用较高。相关费用包括国外商标注册官费、国外代理费、通信费、公证认证费、国内代理机构服务	（1）商标的显著性要求高。成员国中只要一国提出异议，且异议成立，将导致整

续表

对比项目	马德里国际注册	单一国家注册	欧盟商标注册
劣势	商标注册基础如被撤销、或宣布无效，或其基础申请被驳回，则整个马德里申请失效。 （2）维权困难。马德里国际注册除了美国、日本等个别国家外，大多数马德里成员国都不会下发单独的注册证。一旦遇到商标侵权，没有单一国家的注册证会对企业维权造成困难。 （3）注册范围受限。马德里体系虽然有一百多个成员国，但是主要集中在欧洲地区	费，尤其是国外代理费用相对高昂。 （2）后续维护工作繁多。需要逐一与国外代理更新商标在各国的进展情况，对维护后台的要求非常高	个共同体商标注册被驳回。 （2）申请时间长且难以确定。商标一般在一年内获得注册。但是，只要有一个国家提出异议，就会导致注册时间的延长

目前，能源电力央企深入贯彻落实"一带一路"倡议，以菲律宾、智利、意大利等为代表的"一带一路"国家大多属于马德里联盟成员。同时，能源电力央企在国内有稳定的基础注册，随着海外业务规模持续增长，建议优先选择马德里国际注册方式。图 4-13 为世界知识产权局官网发布的马德里国际商标申请流程。

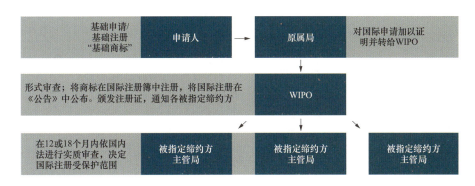

图 4-13　世界知识产权局（WIPO）中文官网发布的马德里国际商标申请流程

4.4.2　注重品牌危机管理

（一）规范公司海外品牌管理流程

首先，围绕能源电力央企品牌国际化相关工作制定实施细则，规范海外品牌管理的关键流程和执行过程，如《海外品牌管理手册》《海外商标管理细则》《子品牌创建与管理规范》《品牌视觉识别手册》等文件，强化在海外投资并购、品牌营销传播等过程中对能源电力央企品牌标识的规范管理和应用，以及明确能源电力央企海外子品牌的创建要求，完善品牌资产评估、流转和授权行为，保证有制度可循、有规范可行，切实维护企业的品牌权益，使企业的品牌保持持续生命力和竞争力。其次，要明确管理责任。除负责品牌管理和运营的专门部门或专门职位，要明确各专业、职能部门的品牌管理责任，构建跨专业的品牌管理组织体系，能源电力央企总部层面负责制定品牌管理总体战略，统筹开展品牌顶层设计、理论和应用研究，整体管控品牌发展品质；海外子公司落实能源电力央企总体的品牌战略规划和部署，开展品牌规划、管理、传播、评估等组织工作，制定专项品牌行动方案，并形成各相关部门统筹协调、相互协同、分工负责的工作机制。配备专业的品牌管理人才，设置专项的品牌管理的高层岗位，负责品牌执行、跟踪和调整，对上承接能源电力央企总体品牌战略规划，对基层管理人员和普通员工传递品牌一致性，确保母品牌和各子品牌之间经营、管理的统一性和延续性。

（二）健全海外品牌危机管理机制

注重海外品牌危机的识别、预防和应对是做好品牌国际化发展的重要工作。一方面要梳理品牌危机，及时做好预警工作。基于公众品牌认知、利益相关方对品牌影响、公众沟通与品牌形象诉求、公众品牌接触点、业务发展与社会问题相关性等五大维度，建立危机管理议题及效果评估数据库，对潜在危机进行系统识别和系统分类，对可能面临的品牌保护问题进行预测，及时做好预警工作。除常见的品牌危机之外，品牌国际化发展面临的危机还包括：一是政治风险。因地缘政治冲突、国家或地区政府更迭等原因，项目所在国/地区以威胁国家安全为由，抹黑中国企业，制造舆论危机。如国家电网公司作为菲律宾国家电网公司最大的股东，菲律宾参议院的一些议员担心中国可能利用其在菲律宾电网中的股权来对菲律宾施加压力，甚至干扰其电力供应。二是文化差异风险。

海外项目运营过程中，中外文化差异处理不当很容易触发当地舆论危机。因此，我国能源电力央企在走出去过程中，应充分考虑并尊重当地居民宗教文化信仰。另一方面要构建品牌危机管理应对流程，早发现早应对。由能源电力央企及其海外子品牌机构共同构建"品牌危机监测－品牌危机预警－品牌危机处置"三位一体的一整套海外品牌危机应对流程，全面掌握海外业务舆情动态，实现本土化品牌危机的及时高效防控，针对谣言、抹黑言论等不实信息，及时主动出击，积极运用法律手段捍卫公司品牌形象。同时，要善于利用数字化手段，依托全媒体大数据、人工智能等方式强化国际舆情风险监测与识别，提高国际舆情感知敏感性，制定国际舆情风险预防、预警方案，积极防止国际舆情倒灌国内，有效维护能源电力央企品牌国际形象（见图4-14）。

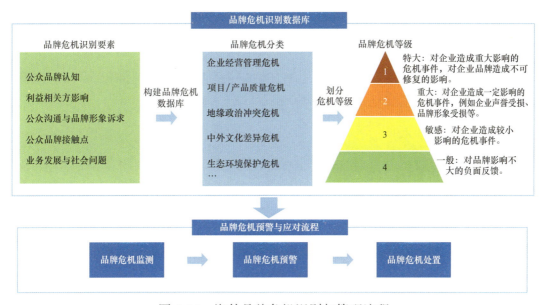

图 4-14　海外品牌危机识别与管理流程

4.4.3 提升品牌国际传播效能

当前，能源电力央企需要从渠道、形式、内容三个层面更加深入地推进国际传播能力建设，扩宽传播渠道，丰富传播活动，创新传播议题，进一步提升公司品牌的辐射力、沟通力、渗透力。

（一）拓展立体传播渠道，进一步提升公司品牌辐射力

整合内外部资源，拓宽媒体、组织、平台、个人四个层面的立体化传播渠道，面向不同的群体开展分众化传播，将企业品牌信息、价值理念等传播给利益相关方，全面提升能源电力央企品牌的辐射力（见图4-15）。媒体层面，持续建立与人民日报、中央人民广播电视台、新华社等国内重要媒体驻海外机构沟通交流机制，拓展与路透社、美联社、彭博社、华尔街日报等海外媒体联络沟通渠道，并主动与运营地所在国家主流媒体建立伙伴关系，扩大能源电力央企品牌活动的影响范围和品牌形象的宣传效应。组织层面，通过世界人工智能大会、亚太电协大会、国际电工委员会大会等国际行业性展览、联合国大会/G20等大型国际会议展示特高压技术、智能电网技术、绿色低碳技术等内容，展现能源电力央企积极新型电力系统推动建设新型能源体系的积极举措与重要成果，提升国际影响力和话语权，进一步输出能源电力央企的品牌理念和品牌价值。平台层面，健全能源电力央企境外媒体传播网络，一是强化海外社交媒体账号矩阵的运营能力和协同能力。推动以母公司账号为核心，子公司账号为辅的账号传播体系基本形成，并进一步强化各账号的运营能力，策划更多海外受众喜闻乐见的传播精品，全面提升国际传播效果，为塑造良好的品牌形象提供更多助力。此外，鼓励有条件的能源电力央企二级单位或下属机构开通海外社交媒体账号，将更多彰显企业硬实力的技术创新和体现企业软实力的品牌文化传播出去，扩大矩阵传播效应。其中，可以充分挖掘企业外籍员工个人品牌，培育员工海外社交媒体大V账号，从员工视角讲述能源电力央企在当地的品牌建设故事，拉近与海外运营地受众的距离。二是优化能源电力央企外文官网建设。围绕能源电力央企的企业战略目标，应持续优化企业外文网站的页面设计、栏目布局，更具备国际化风格，更贴合国际化市场，更彰显国际化形象。个人层面，实施全员传播、自传播，通过组织文化月、开放日等各类交流活动，激发员工、管理者、家属、社区居民等个人通过社交媒体讲述他们眼中的能源电力央企品牌故事。

渠道类型	传播渠道
媒体	国内重要媒体驻海外机构 国外重要媒体
组织	1.世界人工智能大会、亚太电协大会、国际电工委员会大会等国际行业性展览、活动、会议 2.G20、B20、世界经济论坛、APEC、联合国大会等大型国际会议
平台	1.海外社交媒体矩阵 2.公司外文网站
个人	1.员工 2.社区居民 3.管理者 4.家属

图 4-15 四层立体化传播渠道

（二）开展系列交流活动，进一步增强公司品牌沟通力

积极实施"请进来"策略，强化能源电力央企品牌与利益相关方的沟通，邀请外国政要、记者、客户、外籍员工及家属、社区居民等公司利益相关方参观企业、项目驻地，深入体验能源电力央企品牌文化、品牌价值理念，有助于持续提升企业品牌的国际影响力、认可度、美誉度。一是深化走进能源电力央企大型活动。当前，国际舆论对能源电力央企仍存在刻板印象，常常戴着有色眼镜看待能源电力央企的海外投资，通过邀请外国政要、记者等参观公司，近距离接触大国重器，体验公司在技术发展、能源转型等领域的突出成果，感受"中国智造"的力量和"中国品牌"的魅力。他们再以自己的视角向海外受众传播真实的能源电力央企形象，将更有利于提升能源电力央企品牌的国际影响力。二是深耕本土化开放日活动。依托企业海外项目、驻外单位，持续开展各种类型的开放日、中外文化交流活动，邀请外籍员工及家属、社区居民等到项目、企业参观，深度了解、感受能源电力央企品牌文化，促进民心相通，提升当地民众对品牌的信任度。

（三）讲好公司品牌出海故事，进一步提升品牌渗透力

在国际传播过程中，能源电力央企要换思路，提高向世界讲好中国品牌故事的能力。一是需要关注青年群体，创新表达方式，使品牌信息真正深入人心。当前，"Z 世代"群体已经成为最具影响力的消费者群体。众多品牌都围绕"Z 世代"的消费行为调整营销方案。因此，能源电力央企在开展品牌传播的过程中，需要考虑到与年轻群体建立联系的方式方法，了解"Z 世代"群体的信息消费特征，紧抓年轻人关注的社会热点、潮流、趋势，与企业业务经营相结合，创作出一批传播精品，让受众能听懂、听进去，最终达到企业品牌潜移默化地融入受众内心目的，从而提升能源电力央企品牌影响力。二是做好差异化传播，使品牌获得不同群体的认可。能源电力央企要做好不同国家地区的本土化品牌传播工作，注重"一国一策、一区一策"，基于不同国家和地区的文化风俗、民族特性、信息获取习惯、社会关注点等设定传播议题、选择传播渠道，讲述企业与当地民心相通的故事，最终达到品牌信息精准传播，并形成区域品牌影响力、竞争力的目的。三是增强以"人"为主体的叙事手法，提高品牌的贴近性。一方面可以多发布一些以员工、社区居民、消费者等为主体的帖文，如企业为员工技能提升、当地社区可持续发展、消费者权益保障等作出的努力和成效；另一方面可以聚焦企业员工、社区居民、消费者等主体的生活变化、对能源电力央企的印象等，透过"小人物"的视角展现大企业的责任与担当，这样的"小故事"也更能拉近企业与网民的情感距离，展现出企业的文化温度。

（四）【案例】华为：打造国际化科技品牌

华为技术有限公司（简称华为）作为中国最早进行国际传播的企业之一，在打入世界市场之初，面临重重困难，包括品牌形象如何在保持国家特色的同时获得国际认可，不同地区的品牌进入方式差异，以及国际电信设备巨头的打压等。为此，华为采取了差异化合作的品牌传播策略，成功提升了华为的世界影响力和国际认可度，打造出具有国际知名度的品牌。

打造国际化品牌标识，为品牌迈向世界市场奠基。作为视觉产物的品牌标

识直接影响品牌受众面的宽窄和忠诚受众的寡众。旧版华为品牌标识由 15 片"花瓣"的扇形和汉字"华为技术"组成。为了打入国际市场，2004 年华为推出新标识，将旧版的 15 片"花瓣"简化为 8 片，汉字"华为技术"也变更字母样式"HUAWEI"。由汉字向字母样式的转变，使得品牌在国际传播过程中，更容易被受众接受和认可。2018 年，华为在颜色和平面度上再次对公司标识进行调整，强化了品牌形象的视觉冲击度（见图 4-16）。

图 4-16　华为 LOGO 变迁

与国际企业合作，形成传播合力。华为在国际市场上一直寻求与国际大企业的合作，通过品牌的强强合作，取得"一加一大于二"的传播效果。例如，华为与德国百年相机品牌徕卡的合作，使产品始上市，就在海外多个国家受到消费者的热烈追捧，并且受到不少海外媒体的争相报道。

地区差异化传播，实现传播效果最大化。为争取传播效果最大化，华为的全球代言人策略分为品牌和产品两类。在品牌的代言人策略上，华为选择了梅西作为华为手机的全球品牌形象大使，使得品牌知名度在全球范围内迅速提升。在产品的代言人策略上，华为选择了斯嘉丽和超人扮演者亨利作为华为 P9 产品的全球代言人。此外，华为针对全球各个区域市场，采用"入乡随俗"的差异化传播策略，根据不同的区域，制定不同的传播策略。例如在欧洲市场，华为先后赞助过德甲多特蒙德等欧洲五大足球联赛中的诸多传统强队，签约了捷克冰球国家队；在美国市场，华为签约了老牌橄榄球队；而在泰国、中东和北非等地区，签约了当地知名影星、歌手作为区域品牌代言人等。

华为在打造国际品牌的过程中，坚持开放合作、自主创新的品牌文化，通过采取差异化合作的品牌传播策略，改变了国外媒体对中国品牌的认知、印象，其国际品牌形象一步步提升，并成功跻身世界百强品牌。同时华为始终秉持自主创新的品牌文化，在 5G 对抗赛中由被美国等部分西方国家压制的不利地位转危为安，品牌影响力不断提升，国际话语权不断增强，成为具有全球科技领导力的国际大品牌。

（本章撰写人：陈睿欣　审核人：汤广瑞）

5

结论与展望

5.1 主 要 结 论

（1）结论一：党和国家为我国能源电力央企品牌建设提供了强大的政策支撑，面对全球能源转型加速下的复杂国际发展形势，能源电力央企亟需加快调整品牌战略，提升品牌韧性，立足新时代下能源电力央企的功能定位，明确品牌建设需求，推动企业高质量发展。

从国际发展环境来看，全球能源行业正处于前所未有的转型期，受到地缘政治因素、贸易保护主义的抬头以及各国能源政策变化等因素影响，我国能源电力央企仍面临着严峻挑战，亟需调整品牌定位，将绿色低碳理念融入企业品牌战略布局，全力强化品牌管理，夯实品牌基础，提升内在韧性，面对"西强东弱"的国际舆论格局以及能源数字化转型的挑战，能源电力央企需要"软硬兼顾"，在加强品牌国际传播，提高企业品牌软实力的同时，注重数字化技术对品牌创新的赋能，铸牢企业品牌发展硬实力基础。**从国内政策形势看**，我国能源电力央企发展拥有良好的政策环境，需要突出服务党和国家战略大局的政治意识，以各类政策文件为指引，明确能源电力央企品牌建设的战略重心、基本方向以及实施路径，落实好政治责任、经济责任与社会责任，彰显我国能源电力央企的政治底色。**从功能定位方面看**，我国能源电力央企品牌建设需要立足新发展格局下，凸显在服务国家总体安全、服务科技自主创新、服务经济高质量发展、服务绿色低碳发展、服务增进民生福祉、服务国家治理现代化六个维度上的基本价值，成为保障能源安全的央企标杆、能源科技高水平自立自强的国之重器、现代化能源经济体系的行业基石、实现"双碳"目标的引领企业、推进共同富裕的先行企业、中国特色现代企业发展道路的表率企业。**从品牌建设需求方面看**，能源电力央企建设世界一流企业，提高企业国际竞争力需要深化品牌引领，也需要良好的市场环境基础，需要立足全球视野，将企业发展与国家经济发展、企业形象与国家形象建设统一起来，通过强化品牌战略实施，持续塑造品牌引领力，提升企业品牌价值。

（2）结论二：**品牌建设理论的发展呈现以生态为中心的转向趋势，能源电力央企需要强化品牌生态理论研究，做好企业品牌生态布局，同时，国际知名榜单的评估标准需要能源电力央企品牌建设重视品牌价值与国际影响力。**

从品牌建设理论视角看，生态化发展趋势要求能源电力央企品牌建设兼顾市场价值和社会价值。当前品牌理论研究从以企业为中心到以消费者为中心再到以生态为中心，品牌研究重点逐渐从企业自身资产转向企业生态共赢。能源电力央企品牌建设不仅要关注用户和企业自身的价值诉求，同时还要关照围绕企业形成的内外、上下游利益相关方的诉求，统筹考虑品牌市场价值与社会价值。**从国际知名榜单的评估视角看，**国际评估标准要求注重品牌潜在开发价值和国际影响力。从知名品牌评价机构评估要素来看，各大机构多从市场和消费者两个角度入手，不仅对当下品牌贡献（品牌资产溢价能力）进行考量，同时也对品牌给企业带来的未来收益进行考量，关注品牌可开发的能力。此外，Interbrand 和世界品牌实验室还将企业国际化水平作为影响品牌国际影响力的重要参考，关注企业品牌国际知名度。

（3）结论三：**总体来看，能源电力央企在年度品牌建设方面卓有成效，整体呈现出良好发展态势与品牌活力。但是，能源电力央企品牌的整体竞争力、国际影响力与世界一流企业相比还存在差距。**

从企业品牌战略层面来看，大部分能源电力央企形成了品牌战略规划，但仍存在少数的能源电力央企尚未明确形成品牌战略，在品牌建设的顶层设计上缺乏一定的指引能力，同时在品牌战略规划的执行层面缺少有效的监测方式或监测手段，导致品牌战略规划的能效反馈性不足，在能源电力央企内部品牌战略认同、外部品牌战略认知以及企业间品牌战略沟通方面，在品牌战略制定、执行、效果评估以及内外部沟通机制建设等方面仍有较大的努力空间。**从企业品牌管理层面来看，**能源电力央企基本上实现了管理制度全面覆盖，但是在现代化的品牌理念体系建设、品牌资产架构管理与评估方面存在一定差距，仍有近三分之一的能源电力央企尚未开展相关工作。另外，大部分能源电力央企开展了子品牌创建与孵化工作，仍需在品牌授权管理、品牌活动推广强化规范建立，注重数字化、信息化系统建设，确立品牌保护以及危机管理机制，及时维护品牌合法权益。**从品牌国际化层面来看**，能源电力央企品牌国际化水平参差不齐，大部分企业注重品牌传播实践，侧重于利用海外社交媒体平台传播品牌信息，但是缺少品牌国际化战略，在品牌的海外市场拓展方面部分企业动力不足，尤其是海外市场的业务布局以及品牌商标注册上，需要加大力度。**从品牌组织保障层面来看**，能源电力央企基本上全部实现了企业一把手抓品牌的管理制度，并将企业品牌建设纳入企业经营考核指标，但是在企业的专业化机构管理以及专业化人才队伍建设上存在力度差异，部分能源电力央企缺乏相应的品牌培训制度以及专业人才建设规划，在品牌人力资源建设方面需要加大投入。

（4）结论四：针对能源电力央企品牌建设基本现状与焦点问题，当前能源电力央企品牌建设需要从加强品牌战略管理、完善品牌管理体系、构建协同共享的生态体系以及加快推动品牌国际化四个方面展开。

品牌战略是核心。能源电力央企需要立足能源电力特色与央企特殊属性，紧密结合国际发展环境与国内政策形势，立足企业发展战略目标，推进品牌战略与企业战略融合、品牌与业务融合，明确新形势下的发展定位与理念体系，强化品牌战略闭环管理与实施，推动实现企业可持续发展。**品牌管理是关键**。科学有效的品牌管理是能源电力央企品牌建设的关键任务，也是企业品牌发展的制度保障，可以明确企业的品牌资产特征及其基本类别，形成针对性的架构管理模式以及发展策略，推动子品牌创建规范化，进而满足差异化的市场需求，为用户带来丰富的品牌体验，结合精准传播策略可以有效提升电力品牌黏性与认同感。**品牌生态体系是基础**。能源电力具有弱感知特征，依托品牌生态建设，既可以强化品牌关联记忆更好发挥母子品牌效应，同时可以夯实行业品牌建设基础，通过强化企业内外部的价值沟通与关联，促进品牌建设资源共享与品牌建设经验交流，加快形成能源电力品牌建设共同体，推动能源电力行业品牌价值实现整体提升。**品牌国际化是延伸**。能源电力央企品牌国际化是企业价值在国际维度上的延伸，通过海外子品牌的建立可以扩充企业品牌建设主体，进一步扩大能源电力央企的国际市场影响范围与品牌感知，但是主体的增多也意味着风险加大，能源电力央企需要健全海外品牌的危机管理机制，通过提升国际传播效能塑造企业正面形象，强化舆情应对，做好品牌保护。

5.2 未来展望

（1）趋势一：能源电力央企品牌建设需要进一步深化"国之大者"理念，强化品牌战略定位。

"国之大者"理念为能源电力央企的品牌建设提供了新的视角和方向。在国家能源安全、可持续发展及社会责任日益受到重视的背景下，能源电力央企不仅要肩负起保障国家能源安全的重任，还需在品牌形象和市场竞争力上做出相应调整，以实现企业与国家、社会的和谐发展。首先，能源电力央企需要在品牌传播中充分体现"国之大者"理念，展示其在国家能源保障中的重要作用。通过系统化的宣传策略，能源电力央企可以有效地向公众传达其在保障能源供应、应对社会挑战中的表现。例如，在重大自然灾害或疫情期间，企业的快速反应与责任担当，不仅能够确保能源的持续供应，也能增强社会对其品牌的信任感。这种信任感在竞争日益激烈的市场中，是企业获取消费者支持的重要基础。其次，技术创新与品牌建设的紧密结合，是能源电力央企提升竞争力的关键。面对全球能源转型的压力，能源电力央企需要持续加大在清洁能源、智能电网等领域的研发投入，推动技术进步与产品升级。这种创新不仅能提升产品的市场竞争力，也能彰显能源电力央企在推动国家科技进步与经济转型中的积极作用。通过有效的品牌策略，将技术创新成果转化为品牌形象，能源电力央企可以在消费者心中树立起前瞻性和可靠性的企业形象。同时，针对年轻消费者的需求，能源电力央企在品牌建设中应更加注重文化内涵与情感共鸣。现代消费者尤其关注品牌的价值观与社会责任，能源电力央企可以通过与年轻文化的结合，创造富有时代感的品牌故事。这包括通过社交媒体等新兴渠道，传播企业在可持续发展和社会责任方面的努力，从而增强年轻一代对品牌的认同感最后，社会责任履行是"国之大者"理念在品牌建设中的重要体现。能源电力央企应积极参与公益项目和环保活动，展现其作为国有企业应有的社会担当。这种参与不仅能提升企业的社会形象，还能在消费者心中形成正面的品牌认知。通过透明的运营模式和积极的社会参与，能源电力央企在提升品牌形象的同时，也能为国家的可持续发展作出贡献。

总体而言，"国之大者"理念的深化与品牌建设相辅相成，能源电力央企应通过强化责任意识、推动技术创新和履行社会责任，来提升自身的品牌价值。这不仅有助于企业在激烈的市场竞争中立足，也更有利于能源电力央企为国家的能源安全与可持续发展提供坚实支撑，实现经济效益与社会效益的双赢。

应对建议：能源电力央企必须围绕"国之大者"强化品牌战略定位，以确保品牌建设与国家战略及市场需求紧密对接。深刻理解"国之大者"理念，聚焦国家对绿色低碳、数字化转型和高质量发展的高度重视，确保品牌定位与国家政策方向相一致。一是能源电力央企需要全面分析国家战略对行业的影响，深入挖掘自身在国家能源安全和可持续发展中的独特角色，精准识别自身在行业中的独特价值与核心竞争力，从而明确品牌的发展方向，确保品牌形象与国家期望相符。二是结合国家战略需要以及企业自身特色制定差异化品牌战略，提升品牌独特性。央企需结合自身优势与行业特性，精准找寻符合自身发展的品牌定位，通过企业个体的多元化品牌实践丰富国家形象的展示维度，积极传递大国理念，贡献大国方案。三是深挖品牌核心竞争力，在产品和服务质量的基础上，通过社会责任履行以及公益项目扶植等，丰富品牌体验，促进品牌文化交流，构建与消费者之间的情感连接，积极传递企业的核心价值观和社会责任感，彰显能源电力央企品牌的政治底色。

（2）趋势二：能源电力央企在"双碳"目标驱动下将加快品牌形象重塑，

突出品牌理念传递。

在全球气候变化的大背景下，碳达峰与碳中和目标成为能源电力央企品牌重塑的重要驱动力。随着国家"双碳"目标的推进，能源电力央企的品牌建设需要更加注重绿色、可持续发展的形象塑造。央企需要在品牌传播中突出其在减排、绿色能源开发等方面的努力，通过展示企业的技术创新成果，提升品牌在市场中的认知度与影响力。例如，近年来，中国石化积极投身碳中和产业发展大潮，努力在能源化工行业、绿色发展中走在前，做表率。如：加快产业绿色低碳转型，大力发展天然气产业，近十年天然气产量增长了87%；加大低碳技术攻关力度，率先建成了我国首个百万吨级的CCUS（二氧化碳捕集、利用与封存）碳捕集新模式，着力打造CCUS技术创新和示范高地。根据《2023中国能源产业品牌建设成果分析报告》发布，我国能源企业的发展和品牌建设面临三大压力，即减排、降污、增绿、增长的"环境性"约束压力，人人都用得起的"经济性"承担压力，安全生产、保障、支撑的自主可控的"安全性"压力。这些压力要求能源电力央企在品牌建设中更加注重绿色低碳的品牌形象，通过技术创新和业务模式创新，实现品牌的可持续发展。

同时，能源电力央企需要在产品与服务上进行革新，通过提供绿色解决方案、能源综合服务等方式满足市场需求。在品牌重塑过程中，品牌传播策略的优化也是关键。品牌的绿色重塑也离不开透明、诚信的信息披露。总之，在"双碳"目标的驱动下，能源电力央企的品牌重塑将朝着绿色化、科技化、国际化方向发展。

应对建议：为实现"双碳"目标，能源电力央企需要从战略层面进行绿色转型，并在品牌传播中予以重塑。一是加大在清洁能源领域的投资和研发力度，提升自身在风能、太阳能、生物质能等可再生能源领域的竞争力和技术水平。在品牌传播中，央企应重点宣传这些绿色项目的成果，展示企业在环保、低碳方面的实际行动。二是深入践行企业社会责任，参与并组织环保公益活动，提升品牌的社会责任感和美誉度。此外，央企还可以通过发布年度社会责任报告，公开披露企业在环保、节能方面的数据和成绩，增加品牌的透明度和公信力。三是加强国际合作，积极参与国际绿色能源标准的制定和推广。通过参与国际合作，提升企业在全球绿色能源市场中的影响力和话语权。在品牌传播中，央企应展示其在全球绿色能源领域的贡献和成就，树立国际化、负责任的品牌形象。通过绿色转型的品牌重塑，能源电力央企可以更好地适应未来的发展趋势，提升品牌的市场竞争力和社会影响力。

（3）趋势三："一带一路"倡议深入实施助推能源电力央企多边品牌合作深化。

"一带一路"倡议为中国能源电力央企的国际化发展提供重要机遇。《"一带一路"能源国际合作报告（2023）》中指出，2013－2022 年，我国与沿线国家非金融类直接投资额年均增长 5.8%；与沿线国家双向投资累计超过 2700 亿美元，"一带一路"沿线国家已成为我国企业对外投资的首选地。能源领域累计投资额约占我国对共建"一带一路"国家总投资额的 40%，其中电力部分占能源投资一半左右。这表明能源电力央企在"一带一路"倡议下，正积极推动多边品牌合作，通过国际合作提升品牌的全球影响力和竞争力。随着中国企业在"一带一路"沿线国家和地区的投资和合作不断深化，能源电力央企将通过参与国际项目，提升其品牌的国际影响力。能源电力央企在国际市场上面临的环境更加复杂，文化差异、法律法规的不同等因素对品牌的国际化建设提出更高要求。例如，在基础设施建设方面，截至 2022 年底，国家电网公司与俄罗斯、蒙古、吉尔吉斯斯坦、朝鲜等 7 个国家建成了 10 条跨国输电线路，推动了电网互联互通的实现。中国电力企业在"一带一路"沿线国家的能源合作，不仅限于传统的油气项目，还涵盖了大规模的清洁能源合作。这种全方位的国际产能合作模式，不仅为能源电力央企带来了经济效益，也提升品牌的国际影响力。

未来，能源电力央企将不仅局限于国内市场，而是通过国际合作，特别是在"一带一路"沿线国家的基础设施建设项目，推动品牌的多边合作。在此过程中，能源电力央企需要在品牌建设中更加注重文化融合和本地化，提升品牌在国际市场的认同感和影响力。伴随着"一带一路"倡议的深入推进，更多的品牌合作和文化交流将会在全球范围内展开，能源电力央企的品牌也将在国际舞台上展现出更强的生命力和竞争力。

应对方案：针对"一带一路"倡议带来的国际化机遇，能源电力央企应采取多元化和多层次的应对策略，深化国际合作，塑造全球化品牌形象。一是积极参与"一带一路"沿线国家和地区的基础设施建设项目，通过优质的项目执行和服务，提升品牌在国际市场的知名度和美誉度。例如，在参与国际项目时，企业可以通过展示其在项目管理、技术创新等方面的优势，建立起国际化的高质量品牌形象。二是能源电力央企需要尊重当地文化，践行社会责任，实现品牌的本地化建设。央企需要尊重当地的文化和习俗，通过与当地政府、企业和社会组织的合作，积极参与当地的社会公益活动，树立负责任的企业形象。与此同时，能源电力央企应加强与国际合作伙伴的交流与合作，提升品牌的国际竞争力和影响力。通过合资、合作等方式，与国际企业共享资源和技术，实现互利共赢。在品牌传播中，企业应强调合作精神，展示企业的开放、包容、合作的形象。此外，企业还可以通过参与国际能源论坛、绿色能源标准的制定等方式，提升企业在国际能源领域的领导力和话语权，树立全球化、负责任的品牌形象。

（4）趋势四：人工智能时代，能源电力央企将面临品牌传播系统性变革。

随着人工智能时代数字媒体技术的迅猛发展，能源电力央企的品牌传播方式正逐渐发生系统性变革。2024 年 7 月 18 日，党的二十届三中全会提出，要"构建适应全媒体生产传播工作机制和评价体系，推进主流媒体系统性变革"。当前在以 AIGC 为代表的人工智能技术影响下，我国能源电力央企的品牌传播正面临着系统性变革，品牌传播的速度和广度得到前所未有的提升，企业必须具备迅速反应和内容更新的能力，推动品牌建设与传播体系的深化发展。尤其是在生成式人工智能技术持续迭代的当下，我国主流媒体的生产与传播面临着复杂化的环境，如智能社交机器人、深度伪造等成为媒体传播凝心聚力的重要对抗源。

对于能源电力央企而言，未来的品牌建设与传播需要紧密抓住这一传播生态的关键要素，积极推进品牌内容的准确、广泛传播。总之，这些新技术既为品牌传播提供新工具，也带来新挑战，如信息的真实性和可靠性问题。未来，在此背景下，能源电力央企需要构建一个多层次、全方位的品牌建设与传播体系，以适应新的传播生态。这意味着央企不仅要整合传统媒体、社交媒体、企业官网及智能终端应用等多种传播渠道，形成全媒体的传播矩阵，还需要注重内容的多样性和传播渠道的整合。

应对方案：针对品牌传播的系统性变革，能源电力央企需要采取多层次、多渠道的系统应对策略。一是建立品牌传播的战略部门，负责统筹和协调各部门的品牌传播工作，确保信息发布的一致性和规范性。这个战略部门不仅仅是品牌信息的发布者，更是品牌信息的策划者和内容生产者。二是积极利用大数据和人工智能技术，进行受众深度分析和传播效果监测。通过数据分析了解受众的兴趣、需求和行为习惯，进行针对性的内容创作和传播。引入人工智能技术，制定个性化、精准化的品牌传播策略，确保传播内容能够精准触达目标用户。此外，央企需要加强与用户的互动，建立多样化的互动平台。这不仅仅局限于社交媒体，更应包括企业官网、线上直播、线下活动等多种形式。在互动中，央企应注重倾听用户意见，及时解答问题和解决投诉，提升品牌的亲和力与可信度。三是能源电力央企还应注重传播内容的多样化和创新性。除了传统的新闻公告和科普知识，央企还可以通过视频短片、微电影、动画、互动产品等形式，生动地讲述企业故事，展示企业文化和社会责任。通过高质量、多样化的内容创作，吸引用户的持续关注，强化品牌传播效果。

（5）趋势五：数字化转型将推动能源电力品牌思维革新与品牌升级。

数字经济已成为全球新一轮科技革命和产业变革的新引擎。换言之，数字化转型已经成为全球各行各业发展的必然趋势，能源电力央企也不例外。随着生成式人工智能、物联网、大数据等技术的应用，能源电力行业的运营模式和业务形态正在发生深刻变革。数字化技术不仅提高企业的运营效率，还为品牌的升级提供新的空间。2024 年 5 月 11 日召开的国务院常务会议，审议通过《制造业数字化转型行动方案》，其中明确强调，要根据制造业多样化个性化需求，分行业分领域挖掘典型场景。党的二十届三中全会也指出，要"加快构建促进数字经济发展体制机制，完善促进数字产业化和产业数字化政策体系"。

未来，能源电力央企的品牌形象将不再仅仅依赖于传统的发电供电能力，而是通过数字化技术展现其在智能电网、能源监控、智能家居等领域的创新能力。其中，数字化转型不仅改变能源电力央企的运营模式，还对其品牌传播方式产生重要影响。央企应充分利用数字化技术，创新品牌传播手段，实现品牌信息的有效传播。通过全面连通物理世界与数字空间，前沿的数字化系统将电力系统中的设备信息、生产过程等转化为数字表达，打造电力系统在虚拟空间中的"数字镜像"。这一转型不仅能够提高企业的运营效率，还能够通过数字化手段增强品牌的互动性和用户体验，从而推动品牌价值的全面提升。数字化技术的应用使得品牌传播更加精准、高效，企业可以通过数据分析了解目标用户的偏好，制定更有针对性的传播策略。

应对方案：为实现品牌智能升级，能源电力央企应从战略层面大力推动数字化转型。一是加大对数字化技术的研发和应用力度，打造智慧能源、智能电网等创新项目。例如，利用大数据和人工智能技术进行电力需求预测和能效管理，提高电力运营的效率和可靠性。在品牌传播中，企业应突出展示这些技术创新项目，塑造科技领先、创新驱动的品牌形象。二是需要构建智能化的客户服务体系，通过数字化手段提升用户体验。建立线上服务平台、智能客服系统，通过大数据分析用户需求，提供个性化、便捷的服务。例如，可以建立智能化的电费管理系统、故障报修系统等，提升服务质量和效率。在品牌传播中，企业应强调用户体验的提升和服务创新，增强客户对品牌的认同感和满意度。三是通过打造数字化品牌体验，提升品牌的影响力和用户参与感。例如，通过数据新闻、虚拟现实（VR）、增强现实（AR）等新兴技术，提供沉浸式的品牌体验，让用户更直观地感受企业的品牌价值和科技实力。在线上，央企可以通过虚拟展厅、在线直播等形式，展示企业的技术创新和绿色转型成果。在线下，央企可以通过互动体验馆、科技展览等方式，增强用户的品牌参与感和认同感。通过推进数字化转型和品牌升级，能源电力央企将更好地适应未来的发展趋势，提升品牌的市场竞争力和社会影响力。

（6）趋势六：电力体制改革的深入推进将推动能源电力品牌的服务属性进一步强化。

随着电力体制改革的深入推进，电力央企的品牌建设需要进一步强化服务属性，以适应市场化的运营需求。在电力体制改革的大背景下，优质服务已成为品牌建设的核心要素之一，也是企业在改革浪潮中脱颖而出的关键。尤其是在数字化转型背景下，能源电力央企的品牌建设需要更加注重用户体验和服务质量。随着市场竞争的加剧，企业的品牌形象不再仅仅依赖于规模和实力，更需要通过优质的服务和用户体验来赢得市场认可。数字化技术的应用使企业能够提供更加个性化、定制化的服务，满足不同用户的需求。

未来，能源电力央企需要在品牌建设中进一步强化服务属性，通过高质量、多元化的服务，打造差异化的品牌竞争优势。首先，用户对电力服务的需求将不仅仅局限于稳定的供电，还包括节能减排、能效管理、智能电网等综合能源服务。其次，用户对服务质量的要求将更加严格，要求企业提供更加便捷、高效、安全的服务。企业需要提升服务水平，建立健全的客户服务体系，提高用户的满意度和忠诚度。最后，服务创新将成为品牌差异化的重要手段，企业通过技术创新和服务创新，提供新型服务模式，提升品牌的竞争力和用户体验。

应对方案： 为了适应电力市场化改革的需求和用户对服务质量的期望，能源电力央企应以客户为中心，强化品牌的服务属性。一是能源电力央企需要围绕用户需求进行品牌建设，以用户为中心，优化服务流程，提升用户体验。例如，能源电力央企可以通过建设智能用电服务平台，为用户提供个性化、便捷的用电管理服务，如智能电表、用电分析、节能建议等，提升用户的品牌体验，增加用户的品牌黏性。二是能源电力央企应建立健全的客户服务体系，提升服务质量和效率。央企可以通过建立 24 小时客服中心、智能客服系统等手段，提供即时、便捷的客户服务，解决用户在用电过程中遇到的问题。同时，加强员工培训，提升服务意识和服务技能，提高客户满意度。例如，大唐集团通过构建智能用电管理系统，为用户提供个性化的电力服务，提升了用户的满意度和品牌忠诚度。三是能源电力央企应注重服务创新，满足用户未来的需求。企业可以通过技术创新，提供新型的电力服务模式，如分布式能源服务、智慧家庭服务等，满足用户多样化的电力需求。例如，电力央企可以通过构建智慧家庭系统，提供智能家居、智能电器等服务，将能源管理和用户生活紧密结合，提升用户的生活质量和品牌体验。通过以客户为中心，强化品牌的服务属性，能源电力央企将更好地适应电力市场化改革的需求，提升品牌的市场竞争力和用户忠诚度。

（本章撰写人：刘键烨　审核人：常燕）

参 考 文 献

［1］The Green Deal Industrial Plan: Putting Europe's net-zero industry in the lead. https://commission.europa.eu/strategy-and-policy/priorities-2019-2024/european-green-deal/green-deal-industrial-plan_en.

［2］BP 中国，BP 壮志满怀，提出到 2050 年实现"净零"的全新远景. https://www.bp.com.cn/zh_cn/ china/home/news/press-releases/news-02-13-2020.html.

［3］世界主要国家能源发展战略及政策动向（2022）. https://www.chinca.org/CICA/ info/22041410364911.

［4］Digitalisation and Energy. https://www.iea.org/reports/digitalisation-and-energy.

［5］马俊虎，周慧. 国家能源集团可再生能源实现跨越式发展. https://www.chnenergy.com.cn/ gjnyjtww/ chnjtyw/202401/7e53e6e9915a4917ba4a53749b8b92aa.shtml.

［6］品牌引领价值提升 2024 年国资国企品牌建设会议召开. https://cn.chinadaily.com.cn/a/202405/13/WS6641b4afa3109f7860ddd3cc.html.

［7］为中国式现代化建设提供能源央企力量. 人民政协报. http://dzb.rmzxb.com.cn/rmzxbPaper/pc/con/202408/13/content_66127.html.

［8］奋力谱写中国式现代化能源电力新篇章. 人民网. http://finance.people.com.cn/n1/ 2024/1008/c1004-40333918.html.

致　谢

本报告的调研收资和编写过程中，得到了国家电网有限公司党组宣传部的悉心指导，报告部分数据来源于国务院国资委 2023 年央企品牌对标结果，得到了中国质量协会大力支持，报告相关结论得到了中国能源研究会、中国社会科学院新闻与传播研究所、中国传媒大学、南开大学、北京邮电大学、杭州电子科技大学、人民日报海外网等单位专家的大力支持，得到了国网天津市电力公司、国网江苏省电力有限公司等单位的大力帮助，在此表示衷心感谢！

借此机会，诚挚感谢各位专家对本报告的框架结构、内容观点提出的宝贵建议：

王　琳　付　爽　牟思南　曾庆香　刘新鑫　周培源　高洪达　宋容嘉
郝　艳